Tout l'or du monde

Gilles Vernet

Tout l'or du monde

Préface d'Ilios Kotsou

bayard

18, rue Barbès, 92128 Montrouge Cedex (France)
ISBN : 978-2-2274-9932-4

Préface

> « La transmission, c'est cette attention
> *portée à un autre qui fait qu'en lui surgit*
> *le meilleur de lui-même.* »
>
> Christiane Singer

Vous souvenez-vous de votre enfance ? Quand le monde était un espace vaste dans lequel pouvait se déployer votre créativité ? Quand vous regardiez avec curiosité une fourmi, un nuage ou un arbre, que vous jouiez pendant des heures avec une amie sans voir le temps passer ? De l'enfance à maintenant, n'est-ce pas le temps d'un claquement de doigt ? « Le temps d'*apprendre à vivre* il est *déjà* trop tard » nous prévient Louis Aragon.

À quoi consacrons-nous ces précieux moments de notre existence ? Quel sens donnons-nous à ce que nous vivons ? Quel est le sens porté par le système financier qui dévore la planète ?

Cette question essentielle du sens traverse tout le livre de Gilles Vernet. Dans un monde dans lequel huit personnes possèdent plus de ressources que la moitié la plus pauvre de l'humanité, l'auteur est passé du monde de l'argent, des chiffres, de l'accumulation, à celui de la transmission, du savoir et du cœur.

Nous ne sommes riches que de ce que nous partageons nous dit-il en quelque sorte. Son expérience de vie résonne avec les constatations des études scientifiques dans le domaine : lorsque nous sommes à la poursuite de buts extrinsèques, tels que l'argent, les possessions, le pouvoir ou le statut, non seulement cette course nous éloigne d'un bonheur authentique, mais elle contribue aussi à dégrader notre société. L'esprit de compétition et de prédation sans limites nous rend prêts à tout pour atteindre ces fins, quitte à détruire les autres et la planète. « Il y a assez de tout dans le monde pour satisfaire aux besoins de l'homme, mais pas assez pour assouvir son avidité », aurait dit Gandhi à ce sujet.

Par contraste, le fait de construire son existence sur la base de buts intrinsèques comme la communauté, le lien ou l'apprentissage renforce notre paix intérieure et participe aussi à des relations plus nourrissantes avec notre environnement.

Ce livre interroge le pouvoir de l'argent et les dérives du capitalisme, des fonds de pension à la dette en passant par les paradis fiscaux. Il convoque pour cela tout autant Victor Hugo, un chauffeur de taxi philosophe, qu'Hannah Arendt ou Aristote. Ce sont pourtant les réactions et réflexions des enfants qui, dans leur fraîcheur désarmante, sont les plus parlantes.

Des apparences à la vérité des sentiments, de la compétition féroce à la beauté des relations, le livre de Gilles est aussi une ode au potentiel présent en chaque enfant et à la beauté de la transmission. Donner, recevoir, redonner, c'est dans ce mouvement au cœur de notre humanité partagée que va s'inscrire le trajet du narrateur. Ce parcours de vie est passionnant et bénéficie d'une écriture vivante et fluide.

Nous pouvons toutes et tous changer de vie. Ce qui est tout aussi important est que ce faisant, nous pouvons contribuer à changer la vie d'autres personnes, pour le meilleur.

Comme une autopsie de notre monde financiarisé à bout de souffle, le livre de Gilles s'ouvre sur une crise personnelle, et dissèque les causes des crises systémiques que nous vivons. C'est pourtant un livre très joyeux. Rempli de fraîcheur et d'énergie contagieuse, il apportera à chaque lectrice et lecteur l'envie d'apprécier davantage la beauté de la vie et de participer à un monde plus solidaire, généreux et ouvert à la joie.

Ilios Kotsou

Le grand écart

9 octobre 2001. La nouvelle a déjà fait le tour de la banque. Je suis dans le salon privé du PDG de l'UBS à Paris, cette institution helvète qui gère les plus grandes fortunes mondiales. Il me reçoit derrière son beau bureau Louis XVI, manifestement décidé à me faire changer d'avis. « Vous nous faites un burn-out », m'assène-t-il. C'est effectivement le bruit qui court dans les couloirs : sous le choc des attentats du 11 septembre et aux prises avec des problèmes personnels, j'ai disjoncté, je suis sorti de la route.

Ce n'est pas loin de la vérité... L'été dernier j'ai appris que ma mère était atteinte d'une maladie incurable. Un syndrome auto-immun qui détruit peu à peu son cervelet, la promettant à une invalidité puis à une mort certaines. Ma mère va partir. Elle qui a toujours été là pour moi, phare éclatant sur les horizons troubles de ma jeunesse. Il est impensable pour moi de la laisser seule face à la grande épreuve. Au retour des vacances, j'ai annoncé à mes plus proches collègues mon intention de quitter la banque. Là-dessus sont arrivés les attentats du 11 Septembre. Tandis que nous regardions sidérés les tours éventrées, Karim, notre patron, a fait irruption dans le bureau : « Mais qu'est-ce que vous foutez tous là médusés à regarder la télé ? Bougez-vous, faut vendre les assurances et les compagnies aériennes et acheter de l'or et du pétrole ! »

Il a raison. Les sentiments n'ont pas leur place dans la finance. Tandis que quelques désespérés se jettent par les fenêtres et que dans leur chute leurs silhouettes dessinent une ombre lugubre sur les façades d'acier, il convient de garder la tête froide. Les grandes crises sont toujours des opportunités pour faire des gains hors norme sur les marchés. C'est même dans ces moments-là qu'on reconnaît les vrais financiers, ceux qui savent profiter de la panique générale, ceux qui ramassent quand les autres lâchent.

Mais je n'ai plus envie. J'ai dû me tromper quelque part : je réalise soudain que je ne suis pas le golden-boy que j'espérais devenir. La mort a fait une double irruption dans ma vie et a tout renversé. Le corps câlin qui m'a toujours accompagné va disparaître. À quoi bon toute cette agitation, toute cette accumulation, quand tout doit s'achever ?

Les tours s'effondrent, ma mère s'en va, le sol se dérobe sous mes pieds. Un vertige qui me pousse dans le vide, m'invite à tout quitter, un vertige qui balaie les illusions en me plongeant dans l'abîme du néant.

*

Derrière son grand bureau ciselé, Jean-Marc tente de me convaincre de rester dans la banque. Escorté de son beau nom à particule, le grand patron d'UBS en impose. Il a une classe naturelle et ses gestes se déploient souplement dans son costume rayé au tombé impeccable. Sa voix presque mélodieuse, sa parfaite élocution et son langage raffiné l'amènent à prendre invariablement le dessus sur son interlocuteur.

Je traverse une phase difficile, c'est normal que je craque ! La situation à laquelle je fais face est une des plus rudes de l'existence. J'ai besoin de temps et de recul pour reprendre mes esprits. Mais il ne faut pas lâcher la proie pour l'ombre !

Il reformule ce que je vis à l'aune de ses priorités. J'ai beau lui expliquer que ma mère va mourir et que j'ai besoin de temps pour l'accompagner, rien n'y fait. J'ai été débauché de chez J.P. Morgan avec toute mon équipe à grand renfort de bonus, et le vieux renard n'entend pas lâcher sans se battre un si précieux investissement. Nous avons devant nous un boulevard ! Nous sommes en train de créer une structure de gestion d'actifs qui sera un modèle pour tout UBS. Je ne vais quand même pas quitter le terrain alors que je sers pour la balle de match !

Pourtant si. Invariablement, je lui oppose ma priorité : ma mère. Je suis bouleversé, submergé comme un paquebot qui aurait chaviré. Je ne suis plus à même de bien faire mon métier. Face à ma fermeté il tente un ultime coup de poker : il peut me proposer un poste dans les îles Caïman, cœur de la structure d'évasion fiscale qui sera quelques années plus tard mise en cause par la justice française. Les portes de l'abondance me sont grandes ouvertes : l'Éden du banquier, où l'argent afflue comme par magie, avec jolies filles et cocotiers, et la fortune assurée. Il me convie au paradis des financiers avec ma mère seule en enfer à Paris.

Fait-il semblant de ne pas comprendre ? Acculé par son insistance, je lui demande s'il n'a jamais envie de prendre lui aussi du temps pour ses proches, avec tout l'argent qu'il a de côté. À quoi lui sert sa fortune, sinon ? Ne rêve-t-il pas parfois de redonner de la place à ce qui compte vraiment ?

« Si, bien sûr… » Mes paroles le plongent dans un bref trou noir méditatif. Il reste quelques secondes les yeux dans le vague, puis, comme pour s'extirper d'un songe trop séduisant, il frappe dans ses mains et se lève. Il a brutalement fait le deuil de l'idée de me garder. Du haut de son mètre quatre-vingt-dix, il me raccompagne à la porte en me tenant paternellement par l'épaule. Il m'assure que la banque va faire en sorte que mon départ se passe bien et que l'on reste bons amis au cas où, plus tard, je voudrais revenir.

En me serrant la main il me regarde droit dans les yeux, comme pour se souvenir du parfum de la perplexité qui l'a un instant envahi, et aussi de manière à me signifier que nous avons eu une discussion d'homme à homme.

La porte matelassée du bureau se referme. Je ne le sais pas encore, je viens de lâcher la proie pour la lumière.

*

Vendredi 3 juillet 2015. C'est peut-être ce soir-là, caché dans la pénombre des rideaux de scène, regardant mes élèves chanter et danser, que j'ai compris toute la valeur de mon engagement, qu'elle m'est apparue avec l'éclat du diamant.

Dans les coulisses de la salle municipale Olympe-de-Gouges, nous répétons une dernière fois comme un adieu notre cri de ralliement : « Hip hip hip Opéra ! » Les élèves se prennent dans les bras. Ils vont se quitter. C'est le dernier jour de classe de l'année. C'est aussi leur dernier jour d'école. Certains vont partir en province, d'autres à l'étranger. Ils ne se reverront pas de si tôt. Et l'an prochain, ce sera le collège et le basculement dans l'adolescence. Alors ils pleurent, s'enlacent et s'accrochent les uns aux autres comme s'ils s'agrippaient à l'enfance. Je les regarde, ému. Je suis leur instituteur.

Ils viennent de présenter LEUR opéra-ballet, celui qu'ils ont écrit, chanté et préparé pendant deux ans. Ils l'ont intitulé *Icare et le taureau blanc.* Deux années de travail aux côtés de l'Opéra de Paris pour une seule et unique représentation. Il fallait être à la hauteur. Ils se sont surpassés.

Avec Sébastien le compositeur, Sophie la chorégraphe, Marine l'autre professeur de la classe et Ariane la prof de musique, nous les avons accompagnés aussi haut que nous pouvions. Cela n'est pas toujours allé de soi : devant le manque de concentration et l'indiscipline récurrente, nous en étions venus à douter. Il fallait sans cesse remettre en jeu l'autorité. À l'approche du spectacle, nous étions même inquiets. Mais ce soir, comme un seul homme, la classe a démenti nos craintes avec l'insouciance triomphante de l'enfance.

Ce n'est pas évident de donner le goût de l'opéra à des gamins en réseau d'éducation prioritaire. Beaucoup étaient sceptiques sans oser le dire lorsque je leur ai présenté le projet. C'est un univers si loin du leur… Et pourtant ! Il fallait voir leurs têtes la première fois qu'ils sont entrés dans le Palais Garnier. Leurs regards se perdaient dans les statues, les dorures, les fresques et les marbres. Il fallait les voir d'abord dubitatifs, puis finalement conquis par la splendeur des opéras et des ballets auxquels ils assistaient : l'*Orphée* chorégraphié par Pina Bausch, *Le Barbier de Séville*, *La Traviata*.

Si nous gardions quelques angoisses pour cette unique représentation, leur énergie et leur talent ont tout balayé. Comme s'ils voulaient nous remercier du temps et de la confiance partagés, comme s'ils voulaient nous en démontrer la valeur. Ils nous ont offert une heure suspendue. Une partition quasi parfaite. Ils étaient si beaux dans leurs costumes. Ils sont parvenus à nous plonger dans leur mythologie, celle qu'ils ont écrite et composée vers après vers. Leurs parents, les intervenants de l'Opéra de Paris, leurs anciens professeurs, leurs camarades d'école, tout le monde était venu. Plus de cinq cents personnes, la plupart en larmes, pour une interminable standing-ovation.

L'inspectrice, les yeux encore gonflés vient nous retrouver en coulisses. Passionnée d'opéra, elle vient féliciter les enfants. Son émotion est palpable et contagieuse. Ils réalisent la portée de ce qu'ils ont fait. Il y a dans leurs joues rouges une fierté presque ahurie. Jamais ils ne se seraient sentis capables d'une telle performance il y a deux ans.

Puis vient le moment de se quitter. Les enfants m'entourent, me pressent, me serrent. Je grave mentalement cet instant qui à lui seul donne son plein sens à ma vie. L'amour et la beauté. « Maître, on ne vous oubliera jamais ! »

Moi non plus je ne vous oublierai pas. Ces deux années ont été parmi les plus heureuses de ma vie. Le bonheur se reconnaît au bruit qu'il fait quand il claque la porte. Je réalise, le dimanche venu, la justesse de l'apostrophe de Prévert. Seul dans mon bureau, je passe en revue les images du spectacle que nous avons filmé. Et je fonds en larmes. Une vague puissante m'emporte sur les flots du souvenir de ces deux ans passés à leurs côtés. Des sanglots continus. Deux heures durant. J'appelle Sébastien, le compositeur. Lui aussi a été emporté par l'émotion. Nous avons tellement donné pour ce spectacle et les enfants nous ont tellement rendu. Il a pleuré toute la matinée. Il a eu Sophie au téléphone : elle a vécu le même contrecoup. Marine et Ariane aussi. Nous sommes sidérés par cette synchronicité. Que s'est-il passé ?

À mon chevet, le soir de ma première grande peine de cœur, ma mère m'avait cité ces vers d'Aragon dans *La Diane française* : « Il n'y a pas d'amour qui ne vive de pleurs. »

Nous avons aimé ces élèves, voilà la vérité. Nous n'avions pas réalisé à quel point. Et c'est cet amour que nous prenons ce dimanche en pleine figure. Nous avons partagé avec eux un nombre incalculable de moments inoubliables. En portant leur rêve, parfois à bout de bras, nous les avons rendus heureux, et nous avec, même avec la fatigue, même avec les doutes et les difficultés de certains. Nous avons vécu à leurs côtés une parenthèse enchantée, par la musique, le chant, la danse et leur âme d'enfant. Et tout cet amour, toute cette beauté nous ont emmenés plus haut et plus loin que nous ne l'aurions jamais imaginé. Jusqu'à ce cadeau d'une valeur inestimable.

Devant ma peine, ma mère m'avait dit que mon chagrin était aussi une grande nouvelle : c'était la preuve que désormais j'étais capable d'aimer.

Alors les larmes se teintent de joie.

Cet achèvement n'est pas une rupture douloureuse mais plutôt une forme de bénédiction. La preuve que l'ambition un peu folle que nous avons mise dans ce projet, sans calcul ni préméditation, était un espoir fondé puisqu'il nous a amenés à tutoyer les anges. Un paradis, ici et maintenant, plutôt que sous les cocotiers-parapluies-fiscaux. Un bonheur limpide comme une raison de vivre.

Je crois que j'ai fait le bon choix. Et une pensée plus que toute autre m'envahit d'émotion : je me dis ce dimanche que ma mère et mon père seraient fiers de moi.

L'argent fou

Depuis que je suis devenu instituteur, mon regard sur l'argent a profondément changé. Au point de me demander si je suis bien le même homme. À l'image d'une poupée vaudou, il m'avait subjugué et il occupait l'essentiel de mon esprit. Les quinze années passées à enseigner, à découvrir la richesse extraordinaire de la transmission et de l'attention portée à l'autre, m'ont délivré du sortilège. Comme un alcoolique en cellule de dégrisement, je découvre à quel point cette drogue altérait mon jugement.

En acceptant une chute vertigineuse de salaire, j'ai traversé le miroir. Et du fait de ce changement de point de vue, l'argent a changé de nature. J'étais fier de faire partie d'une classe que je percevais comme celle des dominants. Je me rends compte aujourd'hui combien l'argent et son chapelet de désirs me dominaient.

*

On voit le monde d'après sa propre expérience. J'ai travaillé des années dans la finance et je peux en attester : les gens qui ne côtoient que la richesse n'ont pas conscience de vivre dans un monde aseptisé, incroyablement confortable, où les préoccupations matérielles et pécuniaires dominent à la mesure du vide de sens qu'elles créent dans leur vie.

En devenant instituteur j'ai soudain été confronté à la société, sans filtre, telle qu'elle est. Cela m'a ouvert les yeux. J'ai découvert des situations sociales dont je n'avais pas idée. J'ai aussi découvert la solidarité. Je vois année après année les classes pauvres et moyennes se déliter. Je vois mes collègues se serrer la ceinture pour continuer de vivre à Paris. Je vis et incarne cette dichotomie. Je peux voir les distorsions, je les ressens à la fois en tant que fonctionnaire au salaire figé, en tant qu'enseignant confronté à la misère sociale et culturelle, et en tant qu'ancien financier qui perçoit les mécanismes économiques à l'œuvre.

En changeant de métier j'ai beaucoup perdu de « valeur », de cette valeur économique qui, quand je travaillais dans la finance, primait sur toutes les autres. Et pourtant j'ai l'impression d'avoir considérablement gagné en valeur humaine. En éduquant ces élèves, en leur transmettant d'autres valeurs, républicaines celles-là, mélange de droits et de devoirs, de liberté et de fraternité, qui sont au cœur de mon engagement, je ressens une gratification qui me nourrit bien plus que l'argent. Ma vie trouve aujourd'hui un sens qui façonne mon épanouissement. Et puis j'ai du temps, suprême richesse d'un monde en faillite temporelle.

La séduction qu'opère l'argent, au point de l'amener à dominer outrageusement le monde, m'apparaît maintenant dans toute sa perfidie. Une fable de Shakespeare résume la menace que l'emprise de l'argent fait peser sur nos vies. Un ancien collègue resté dans la finance me l'avait racontée après l'explosion de la bulle des subprimes tandis que je lui faisais part de mes espoirs de régulation des marchés :

Acculé par la forêt en feu, le scorpion demande à la grenouille de le porter sur son dos pour traverser la rivière. La grenouille s'inquiète : « Tu vas me piquer ! » Le scorpion la rassure, plaidant que ce serait un bien mauvais calcul : il y perdrait aussi la vie… La grenouille se laisse convaincre. Au milieu de la rivière, le dard se dresse et se plante dans l'ingénu batracien. « Pourquoi ?! » demande la grenouille dans un dernier souffle. Avant de sombrer à son tour le scorpion répond : « C'est plus fort que moi, c'est dans ma nature. »

Et mon ami d'ajouter : « On les a sauvés et ils recommenceront. Même si cela risque de faire sauter tout le système et eux avec… Ils vont recommencer, ils ont recommencé ! Tu n'as pas idée comment la spéculation a repris sur les marchés. »

Il est dans la nature de la finance de faire de l'argent avec de l'argent, sans limites. Et telle la grenouille, nous l'avons accueillie dans la barque. Nous lui avons même laissé le gouvernail…

Depuis la crise de 2008, le système financier a été renfloué par les banques centrales à coup de milliers de milliards. Avec la crise du coronavirus et les conséquences du confinement, un palier supplémentaire a été franchi dans l'endettement planétaire. De telles sommes représentent-elles encore quelque chose ? Leur démesure révèle combien le monde de la finance s'est découplé du réel. Les taux proches de zéro voire négatifs témoignent du délire dans lequel nous sommes. Jamais dans l'histoire économique on n'a vu les taux d'intérêt passer en dessous de zéro. C'est comme si demain était devenu moins risqué qu'aujourd'hui. Il faut un crédit quasi gratuit pour que notre système à bout de souffle fonctionne encore. Et ce crédit gratuit alimente une immense bulle financière, la plus phénoménale qu'on ait jamais vue. À la faveur de la crise du coronavirus, Jeff Bezos, le PDG d'Amazon, a franchi une nouvelle barre symbolique : 200 milliards de dollars de fortune personnelle[1]. Là encore, du jamais vu. Le PDG de Goldman Sachs a touché 27,5 millions de dollars au titre de sa rémunération pour 2019[2]. Celui de J.P. Morgan 31,5 millions. Ce n'est pourtant pas la fête pour tout le monde…

Sauvé par la communauté internationale tout entière, le scorpion est repris par ses démons.

Épuisement des ressources terrestres et humaines, pollution endémique, la situation devient angoissante et nous pousse paradoxalement à courir plus vite pour nous en prémunir, dans une thésaurisation vaine, alimentant malgré nous notre véritable bourreau : la finance mondialisée. La multinationale BlackRock, qui gère l'argent de millions d'investisseurs, en est un des symboles. Cette société d'investissement, qui

1. www.forbes.com/sites/sergeiklebnikov/2020/10/12/jeff-bezos-is-again-worth-more-than-200-billion-as-amazon-stock-soars-ahead-of-prime-day/

2. www.capital.fr/entreprises-marches/le-tres-bonus-tres-polemique-que-va-toucher-le-pdg-de-goldman-sachs-1365382

cumulait 17 milliards d'actifs sous gestion à sa création en 1992, approche les 8000 milliards[1] à l'automne 2020, soit trois fois le PIB de la France. La capitalisation boursière des grandes multinationales de l'Internet atteint des sommets. Apple vaut plus que toutes les entreprises du CAC 40 réunies.

Le capitalisme financiarisé porte une promesse qu'on ne peut plus nier : remplacer l'homme par la machine et par des programmes informatiques à l'intelligence aussi artificielle qu'efficace, paramétrés pour le seul profit, pour la seule optimisation des coûts. À l'heure de l'emballement technologique, quel homme peut prétendre rivaliser avec la machine intelligente, esclave sans conscience et sans sommeil d'une logique dévorante ?

Le chemin est tracé et il ne nous reste plus qu'à marcher vers l'abattoir de la prochaine crise financière, strictement inévitable au regard du volcan endormi de dettes sur lequel nous sommes assis et de la dette écologique que nous accumulons en mode accéléré. Peut-être attendons-nous tel un ménage s'enfonçant dans la spirale du

1. www.capital.fr/entreprises-marches/blackrock-depasse-les-attentes-et-approche-les-8-000-milliards-de-dollars-dactifs-sous-gestion-1383012

surendettement que mère Nature, trop indulgente créancière, nous ramène au principe de réalité ?

D'ici là il n'y a pas grand-chose à faire, car le système est enivré. Drogué à l'argent gratuit, il préfère s'aveugler.

L'argent a gagné ! C'est le roi de l'investissement et accessoirement troisième fortune américaine, Warren Buffett, qui l'a déclaré en 2006 : « Il y a une lutte des classes, d'accord, mais c'est ma classe, la classe des riches, qui mène cette guerre, et nous sommes en train de la gagner[1]. » Accrochez vos ceintures : aux États-Unis, la richesse cumulée des quatre cents plus grandes fortunes est passée en trente-cinq ans de 92 milliards de dollars à… 3200 milliards de dollars[2]. Comme le titre le magazine *Forbes* : « Au diable la pandémie » ! Aux États-Unis les inégalités ont explosé. Les cinquante premières fortunes ont une « valeur » d'actifs équivalente aux 165 millions les plus pauvres[3].

1. "There's class warfare, all right," Mr. Buffett said, "but it's my class, the rich class, that's making war, and we're winning."

www.nytimes.com/2006/11/26/business/yourmoney/26every.html

2. www.forbes.com/forbes-400/

3. tribune-diplomatique-internationale.com/usarichesse50_americains_les_plus_riches165_millions_les_plus_pauvres/

Ils « valent » chacun plus de trois millions d'Américains.

À l'image de ces cellules cancéreuses qui, refusant de mourir, se démultiplient jusqu'à asphyxier l'organisme qui les abrite, la frénésie d'accumulation des multinationales et des plus fortunés de notre planète finira par étouffer le corps social et la nature. Comme disent les Amérindiens : l'argent ne se mange pas. Hélas, dans sa démesure l'argent prend possession du monde. Quand il aura tout avalé, serons-nous plus avancés ?

C'est qu'une foi idolâtre, grisée par la technologie et aveuglée par les ors du profit, s'est emparée d'une partie de la finance, celle dite « de marchés ». À travers l'informatique qui les agrège à la vitesse de la lumière, les chiffres ont pris possession des esprits. Cachées derrière ce paravent de rationalité les passions humaines se déchaînent. Nous nous croyons maîtres et possesseurs de la nature, mais l'argent nous dépossède de nous-mêmes. Mes années sur les marchés m'ont fait prendre conscience de cette immense hallucination collective, de ce culte du profit illimité.

Mais une fois levé les yeux des cours de bourse, une fois repris le chemin du lien à l'autre, qui souhaiterait vouer sa vie entière à un enrichissement sans fin ?

Porteur de toutes les promesses, elles-mêmes décuplées par les avancées scientifiques, l'argent est le grand aiguillon de la démesure humaine. Une démesure qui, si on l'écoutait, viendrait à bout de tout. Une démesure qui nous fait courir d'un bout à l'autre de la planète, avec nos marchandises, jusqu'à l'en asphyxier, qui épuise dans sa frénésie de rendements le sel de la terre et le cœur des humains. Mais la terre et ses subtils équilibres sont en train de se rappeler à nous. À l'unisson, comme si un lien inexpugnable nous unissait à notre mère Nature, la colère des masses commence à gronder sur les cinq continents.

Depuis que d'objet il est devenu sujet, l'argent projette son ombre lugubre sur le monde. La démesure qu'il porte en lui comme un oiseau blessé révèle en creux tout ce qu'il nous dérobe. Jusqu'à la terre, jusqu'au temps, jusqu'à l'amour. Jusqu'à cette vertu morale dont il n'achète que les apparences : la dignité. Cette dignité qui fait chacun s'aimer.

Ce que l'argent gagne, nous le perdons.

Sous sa tutelle divinisée, notre monde se décompose dans l'outrance et les gaspillages, dans la voracité des prédations et des prédateurs, dans l'adversité générale vers laquelle tend structurellement la compétition économique globalisée.

Pourtant le monde peut être si beau quand on laisse sa juste place à l'amour, à la nature, à l'entraide, à la spiritualité, à l'art. En somme, à cette Beauté que l'argent ne pourra jamais acheter.

Nietzsche le rappelait sans détour : ce qui a un prix n'a pas de valeur. L'heure est venue de remettre l'argent à sa place.

Bolivar

Lundi 28 novembre 2005. Après avoir passé le concours de professeur des écoles en candidat libre, j'ai intégré l'IUFM, l'Institut universitaire de formation des maîtres. Après deux mois de cours, je dois faire un stage en tant que professeur d'une classe de petite section dans une école maternelle avenue Simon-Bolivar dans le XIXe arrondissement de Paris. Inspiré par le légendaire libérateur de l'Amérique latine, j'entends commencer ici mon renouveau. Ma mère est toujours là, mais de plus en plus dépendante. Avec ma fille fraîchement née nous allons la voir tous les week-ends. Parallèlement aux cours, j'écris un scénario pour une série télévisée qui mobilise une bonne part de mon énergie. Peu habitué aux petits enfants, j'appréhende cette première immersion dans le réel de la maternelle…

L'école a plutôt bonne réputation, l'équipe est sympathique, mais on m'a prévenu que les vingt-huit élèves de ma classe n'étaient pas faciles. Arrivé à 7h45 pour bien préparer ma première séance, je retrouve en parcourant les couloirs déserts et couverts de dessins cette odeur caractéristique de craie, de peinture et de feutre qui me replonge dans le charme désuet de l'école de mon enfance ; une douce impression de régression. Dans la classe, j'installe le matériel avec la fébrilité d'un jeune premier avant un rendez-vous d'amour. J'ai prévu un peu témérairement de lancer les élèves dans une activité d'art plastique à base d'encre de Chine. Déposant quelques gouttes colorées sur une grande feuille, ils souffleront dessus à l'aide d'un stylo Bic évidé, créant des formes fantasmagoriques.

À 8h20, on m'annonce une mauvaise nouvelle : l'AVS, l'assistante de vie scolaire, ne sera pas là aujourd'hui. Son fils est malade et elle doit le garder. Je me retrouve donc seul pour affronter la horde des bambins inconnus. Accompagnés de leurs parents, ils arrivent un à un. Je me présente et accueille chaque enfant par son prénom, le plus chaleureusement possible. Aminata est toutefois inconsolable. Apparemment on est habitué, c'est comme ça une fois sur deux depuis le début de l'année. Son inquiétude, renforcée par la présence d'un nouveau professeur, lui fait pousser des hauts cris chaque fois que sa mère fait mine de s'en aller.

Constatant que sa présence ne résout rien, je l'invite à partir une fois pour toutes. Je referme la porte sous les hurlements d'Aminata en faisant des signes rassurants à sa maman. Quand je me retourne, les enfants jouent en tous sens dans la classe. Il va falloir garder son sang-froid. Après tout j'en ai vu d'autres sur les marchés financiers.

Une heure plus tard, après avoir convoqué autorité et comptines pour remobiliser les troupes, j'ai installé les élèves sur cinq ateliers entre lesquels ils sont censés tourner au fil de la journée. Atelier de maths, atelier de lettres, de puzzles… Les enfants commencent à trouver leurs marques et s'intéressent aux activités. L'atelier d'art plastique concentre toutes les attentes, l'effervescence y est à son comble. Je vais de droite et de gauche pour essayer de répondre aux appels à l'aide. Happé par les demandes, je délaisse trop longtemps les élèves s'amusant avec l'encre de Chine. Quand je reprends mes esprits, ils s'en sont mis partout. Me rendant auprès de chacun, je constate les dégâts. C'est un désastre. À 11 h 30, quand j'accompagne les enfants dans la cour, je suis exténué et mortifié : que vont dire les parents ?

Pendant la sieste des enfants, que je dois surveiller après le déjeuner, j'ai le temps de gamberger. Je les regarde dans la pénombre, blottis dans leurs petits lits de camp, toutes conditions sociales confondues. Je me demande si je suis bien à ma place. Quel saut dans le vide ! Je repense aux salles lambrissées de J.P. Morgan, place Vendôme. Dans un flash me revient ce petit déjeuner dans les salons privés du Crillon. Le soleil de printemps illuminait la place de la Concorde tandis que j'écoutais d'une oreille distraite les analyses boursières du courtier qui nous avait invités.

Le jour et la nuit. La comparaison est abyssale. Ai-je bien réfléchi à ce que je faisais ? Je repense à l'encre, au bruit, aux pleurs de ce matin. Mais qu'est-ce que je suis venu faire dans cette galère ?

À ce doute rampant vient pourtant répondre mon propre souvenir de l'école que j'ai tant aimée. Et puis, si je ne sais pas trop où je mets les pieds, je suis en tout cas certain de me diriger vers quelque chose en quoi je crois. Je vais essayer de m'accrocher. Après tout, ce n'est que le premier jour…

Trois semaines plus tard, quand je reçois des mains des parents la grande affiche concoctée par les enfants pour mon départ, je comprends qu'en remettant l'argent à sa place, j'ai trouvé la mienne. Dès le deuxième jour j'ai commencé à ressentir ce lien protecteur qui unit le maître et ses élèves. Ces tout-petits ont réussi à me toucher. Leurs pleurs m'ont même parfois paru légitimes. J'ai découvert qu'on pouvait discuter avec eux pour peu qu'on s'accroupisse et qu'on ajuste son langage à la hauteur de l'enfance. Certains ont fait des progrès fulgurants en maths et savent déjà additionner et soustraire. Les mères de Maxime et d'Aminata me sont particulièrement reconnaissantes. Maxime a deux ans et demi. Il est timide et tout mignon. Mais il avait peur. Peur de l'école, peur des autres, peur de son ombre. Alors on a travaillé à lui redonner confiance. Ses facilités en maths y ont grandement contribué, maintenant c'est lui le crack ! De son côté Aminata a trouvé son épanouissement dans la cuisine en fond de classe, où se pressent les enfants dès qu'ils ont un moment et où elle fait la loi, distribuant assiettes, verres et repas, avec l'assistance d'une équipe qu'elle choisit selon son humeur. Il faut gérer les susceptibilités, mais ça fonctionne. Au marché aux légumes en plastique, elle a même appris à compter. Aujourd'hui, comme Maxime, elle est heureuse d'aller à l'école.

Rendre les enfants heureux d'aller à l'école. Voilà la place que je cherchais.

C'est Aristote qui l'a dit !

Août 2017, le taxi sillonne tranquillement les grandes avenues d'Athènes. En famille, nous sommes venus visiter le berceau de l'Europe. La nuit vient de tomber et les Grecs envahissent les rues. Une chaleur épaisse entre par la fenêtre du taxi. Dans ce pays encore meurtri par les mesures drastiques imposées par la Communauté européenne, le chauffeur est amer.

Il parle un français amoureux, mâtiné d'orient. Il l'enseignait au lycée. Il adore Paris. Ça fait plus de dix ans qu'il n'y est pas retourné. Il est devenu taxi parce qu'il avait une famille à nourrir. Après la réduction de salaire des fonctionnaires il ne s'en sortait plus. Avec une rage contenue, il évoque tous ces financiers qui ont créé cette crise des subprimes et qui aujourd'hui s'enrichissent plus que jamais tandis que les peuples paient les pots cassés… Il nous assure que l'argent est une plaie. C'est Aristote qui l'a dit ! Il y a plus de deux mille ans !

L'insoupçonné philosophe nous dispense une petite leçon. Aristote a tout de suite compris le problème avec l'argent : c'est qu'il a deux fonctions opposées comme les faces d'une même pièce. La première, essentielle, est sa fonction *économique* qui permet l'échange entre les humains. C'est un outil fantastique qui fonde en partie la société. Il permet, dans le cadre d'échanges, d'acquérir des richesses qui permettent à une famille ou à un groupe d'assurer son « bien vivre ». On lit cela dans le livre de la *Politique* ! Mais le revers de la médaille est sa fonction *chrématistique* qui pousse à une accumulation démesurée, le soustrayant ainsi à sa fonction première et naturelle d'échange.

Le chauffeur nous raconte qu'Aristote prend l'exemple d'un riche citoyen qui aurait une vaste demeure. Avec tout son argent dans sa fonction économique, il pourra acheter de plus en plus de biens, mais à un moment sa maison sera pleine. Il y aura donc une limite. Tandis que du point de vue chrématistique, il pourra toujours racheter un coffre plus gros pour y stocker encore plus de pièces d'or. Une illusion sans fin…

Le taxi-philosophe ne pouvait espérer une oreille plus sensible que la mienne à son discours !

Comment résister à ce vertige de la possession ? Comment satisfaire la bouche insatiable ? Et nous pleurons ensemble le sort de la Grèce sous les fourches caudines de ses créanciers.

Comme un symbole, il nous dépose non loin de l'Agora, au pied de l'Acropole qui règne, éclatante, au-dessus d'Athènes. C'est là, nous rappelle-t-il, que Socrate déployait son inégalable art maïeutique. Socrate dont le disciple était Platon, qui a ensuite eu pour disciple… Aristote.

Nous le saluons chaleureusement et le remercions pour cette plongée dans la sagesse des anciens, avant de nous enfoncer dans la foule.

*

Aujourd'hui, ce ne sont plus des pièces d'or mais des zéros sur des ordinateurs ; encore plus irréels, encore plus faciles à démultiplier…

Que nous dirait Aristote à l'heure de l'argent « dématérialisé » ?

No limit

En devenant instit, en trouvant un sens à ma vie, j'ai compris combien l'argent était accessoire. Un accessoire indispensable pour vivre mais un accessoire quand même. Un accessoire dont la puissance tient lieu de leurre.

Comme un dévot qui sortirait d'une secte caverneuse, j'ouvre les yeux et la lumière fait mal. L'affaire est pourtant depuis longtemps entendue : nous avons fait de l'argent notre dieu. Il est le cœur battant de nos sociétés. Il est pour chacun de nous le garant de notre sécurité et de notre avenir. Associant miraculeusement les contraires, il réunit finalement toute chose en son sein. Pour notre salut on s'en remet à lui comme on s'en remettait autrefois à Dieu.

Et pourtant religions et philosophes nous mettent tous en garde : l'argent est un piège. La cupidité n'est-elle pas un des sept péchés capitaux ?

Facilitateur de l'échange et symbole de liberté, l'argent est aussi, nous disent-ils, un puissant corrupteur des âmes, qui se perdent dans son accumulation. Par le pouvoir qu'il confère, par la soumission courtisane qu'il entraîne, par l'espoir d'exorciser la mort qu'il allume comme une chimère dans les esprits, l'argent a tôt fait de nous pousser sur les versants de l'égoïsme et de l'amassement morbide.

Quel paradoxe, tout de même ! En dépit de cette conscience s'appuyant sur des siècles de sagesse, et bien que nous nous référions à des religions qui s'en défient, l'argent a investi chaque espace de nos vies. Il subordonne tout notre système de valeur. Il nous donne dès aujourd'hui accès aux paradis terrestres. Quand bien même nous voulons y échapper, sans cesse il nous rattrape. Il estime, soupèse et surtout, surtout, quantifie. À travers l'alliance de la finance et de la technologie, l'argent-nombre a envahi notre quotidien. Des chiffres entêtants, surnuméraires, étouffants, qui ne disent plus la vie mais quelque chose comme une fascination, une obsession. Des chiffres souvent utiles, mais toujours froids et sans âme.

*

J'ai touché du doigt le pouvoir magique et irrationnel de l'argent lorsque je travaillais sur les marchés financiers. Arrivé à l'été 1998 en pleine crise asiatique, de peu suivie par la fameuse crise du fonds spéculatif LTCM, j'ai été précipité dès mes débuts dans cette hystérie généralisée que l'argent a le don de provoquer.

Il faut voir une salle de marchés et entendre sa clameur lors d'un krach boursier. Euphoriques et vainqueurs quelques semaines auparavant, nous nous retrouvions éperdus, suffoquant d'angoisse, tous sidérés devant les écrans rouges qui clignotaient. Si la baisse s'emballait, une véritable panique nous gagnait, comme si le monde s'écroulait sous nos pieds. Plus rien n'avait de sens. On se souvient de ces spéculateurs se jetant par la fenêtre pendant la crise de 1929…

Plongé dans cet affolement collectif, j'ai compris d'emblée le pouvoir insensé de l'argent. Je me souviens d'un de mes clients les plus spéculateurs le 21 septembre 1998. Le fonds LTCM était au plus mal et menaçait de faire exploser tout le système. Jusqu'alors célébré pour son expertise sur les options[1], ce fonds, grisé par ses succès, avait

1. Instruments financiers permettant de se couvrir contre les variations de cours mais surtout de parier à la hausse ou à la baisse sur un titre en amplifiant les gains ou les pertes.

pris de grosses positions sur la dette russe. Il faut toujours se méfier des opérateurs à martingale, ceux qui gagnent à tous les coups et affichent des performances hors norme. Cela finit souvent mal. Ce fut le cas de Nick Leeson, trader vedette qui fit couler à lui seul la Barings, institution financière anglaise séculaire. Ce fut le cas de Kerviel, de Madoff, et plus globalement de la crise des subprimes tout entière. À l'image de ces brillants pantins, la finance de marché est droguée aux gains records. Le but est de s'enrichir le plus vite possible, à tous les étages. Les conséquences dévastatrices de ce désir vorace lui sont, comme pour un junkie, totalement secondaires. Peu importe si cet enrichissement ultrarapide se fait le plus souvent aux dépens du travail et ou même de populations entières, comme c'est parfois le cas avec la spéculation sur les matières premières. Peu importe si le corps social bouillonne, il faut suivre la tendance.

Ce 21 septembre, quelques mois après mon arrivée sur les marchés, mon client m'appelle au retour du déjeuner. Il a du mal à respirer. Les nouvelles en provenance des États-Unis sont alarmantes. Il a peur que ça chute encore beaucoup plus. Et si le système faisait faillite ? Il veut vendre ses actions ST Microelectronics. Elles sont au plus bas. Il me demande ce que j'en pense. Je tente de masquer mon inexpérience. Un krach, c'est au contraire l'occasion d'acheter… « Achetez au son du canon et vendez au son du violon », dit l'adage boursier. Mais rien n'y fait. L'angoisse qui l'étreint est insupportable. Il me dit préférer se couper une main plutôt qu'un bras. Il veut se libérer de sa peur : il m'ordonne de tout vendre. Ce sera fait, à 46 francs. Il pousse un ouf de soulagement.

Cette histoire est restée gravée dans ma mémoire. De même quand le lendemain, en fin de matinée, ma collègue et directrice de notre cellule Trading Action raccroche le combiné, livide, après avoir lâché le mot fatidique : « Coupez. » Couper, en langage boursier, c'est vendre une position perdante. D'un naturel optimiste, elle était vendeuse de prime[1]. Avec le krach et l'explosion de la volatilité[2], elle ne peut plus répondre aux appels de marge[3]. Elle m'annonce qu'elle vient de perdre un million

---

1. Être vendeur de prime, c'est vendre une option au lieu de l'acheter. C'est donc parier que le marché va rester dans le bon sens : haussier en l'occurrence. L'inverse exact de celui qui spécule à la baisse, ou qui tout simplement achète une couverture contre une chute éventuelle du marché.

2. La volatilité, aussi appelée indice de la peur, mesure l'ampleur des variations de cours.

3. Un appel de marge est une somme demandée par la banque en garantie des options pour s'assurer que le client est à même de régler sa position perdante.

de francs à titre personnel. Je suis abasourdi. Après une dizaine de minutes en état de choc, elle revient pourtant à son quotidien téléphonique, mais son regard est ailleurs.

Deux jours plus tard, le président de la Réserve fédérale américaine, Alan Greenspan, annonçait une baisse des taux d'intérêt directeurs et la création d'un fonds bancaire destiné à sauver le LTCM. À partir d'octobre 1998 allait démarrer une des plus folles envolées boursières de l'histoire : la bulle Internet. En octobre 1999, le même client me demandait de racheter les mêmes titres ST Microelectronics quatre fois plus cher que ceux qu'il avait vendus un an plus tôt. Et le pire, c'est qu'il allait encore doubler sa mise.

Yahoo valait 30 dollars en septembre 1998. Début 2000, l'action dépassait les 240 dollars. Sur la même période eBay passait de 5 à 170 dollars. Sans parler de la kyrielle de petites sociétés, disparues depuis, qui atteignirent des valorisations proprement délirantes. On ne parlait plus que de ça dans les dîners en ville.

Comment pouvait-on passer, en l'espace d'un an, d'un vertige apocalyptique à une extase aussi aveugle ?

L'expérience de cette bipolarité boursière fut pour moi à l'origine d'une extrême méfiance à l'égard des marchés financiers. À voir tous les cours s'envoler au diapason, souvent en dépit du bon sens, à voir tant d'imbéciles patentés se faire des fortunes simplement parce qu'ils avaient misé sur un des chevaux en vue, et tant d'autres se faire tondre pour être arrivés les derniers, j'ai dès l'abord considéré la bourse comme un haut lieu de l'irrationalité.

C'est fou comme la rationalité des chiffres peut cacher l'irrationalité des hommes. Hannah Arendt l'avait parfaitement montré en soulignant combien l'on pouvait banaliser son action et cacher la folie de ses desseins derrière une montagne de chiffres. Il est plus facile de rayer un nombre que de tuer des gens, même si cela revient parfois au même.

Derrière les belles théories économiques, derrière les magnifiques montages financiers, une logique profondément irrationnelle est à l'œuvre : celle de la démesure. Exponentielle de la croissance, démesure du désir de gagner et de la peur de perdre. L'appât du gain emporte tout, valeurs et raison. Seul peut-être le cœur peut lui résister.

Cette volonté de puissance de la finance, cette hybris délirante inscrite dans le dogme du profit et dans les bonus indécents des traders de Wall Street, est à l'origine d'un profond déséquilibre. Car cette ponction de richesse n'est pas indolore. Bien sûr, dans sa folie elle jette quelques miettes au plus grand nombre, mais les écarts se creusent à un point qui défie l'entendement. Le terrain de jeu étant devenu planétaire, les fortunes mondialisées dépassent de loin celles des États, donnant – comme au Consul de la Rome décadente – un pouvoir exorbitant aux hystériques de la fortune, aux obsédés globalisés.

Mieux vaut ça que la force, il est vrai. L'homme a toujours voulu dominer son prochain, vaincre sa peur et assurer son avenir ; et avant c'était par la force. Cependant, aussi costaud était-on, on ne pouvait s'imposer au-delà d'un certain point. La force a une limite physique. L'argent n'en a pas. À l'image de la masse monétaire[1] mondiale, de plus en plus numérique et virtuelle, qui enfle comme la grenouille de la fable, la disproportion entre le monde de la finance et le monde réel ne cesse de se creuser.

Aristote nous avait prévenus : l'argent c'est NO LIMIT.

1. L'ensemble de la monnaie en circulation, qu'elle soit sous forme papier, scripturale ou numérique.

Paradis paradoxal

Je ne suis pas croyant. J'ai cependant toujours considéré les religions comme une grande école de philosophie pour peu qu'on ne les laisse pas aux fanatiques. La parole de Jésus dans le Nouveau Testament m'apparaît parfois comme un manifeste politique visant à instaurer les conditions d'un vrai vivre ensemble. L'argent n'est pas en odeur de sainteté dans ses paraboles. Au centre de son message : l'amour et l'attention portée à l'autre ; et un obstacle qui invariablement nous en détourne : Mammon, la richesse matérielle. Or Jésus ne fait pratiquement que cela : s'occuper des autres, gratuitement.

Pourtant, selon les grands théoriciens de l'économie, comme Adam Smith, nous sommes des êtres égoïstes à la seule recherche de leur intérêt particulier qui, dans l'agrégation miraculeuse du « marché », dessinera l'intérêt général. Alors au fond, n'est-il pas naïf de croire que l'on peut préférer le soin apporté à l'autre à l'enrichissement personnel ? Et puis, quel intérêt ?

*

Décembre 2017. J'ai cette année dans ma classe un des « cas » de l'école. J'étais prévenu : Issa est ingérable. Stentor de plus d'un mètre soixante, fort comme un Turc, il vit dans le foyer situé à une centaine de mètres de l'école. L'année dernière son enseignant a dû le mettre plus d'une vingtaine de fois au sol pour le calmer et éviter un drame. Il est capable de complètement perdre le contrôle de lui-même. Deux AVS[1] se relaient dans la semaine en classe à ses côtés pour l'aider. Susceptible, il s'est créé un monde dans lequel il est le plus fort et fait taire la contestation avec ses poings. Il ne travaille presque pas en classe. Il n'a pas les compétences pour suivre le programme d'un CM2. Alors il joue, s'amuse, perturbe les autres et finit immanquablement par subir des remontrances qui l'entraînent doucement mais sûrement vers la rupture. Il n'a pas un mauvais fond, pourtant. Il se préoccupe souvent des injustices dans la classe. Il ne les supporte pas davantage pour les autres que pour lui-même.

1. AVS : assistant(e) de vie scolaire.

Les élèves le connaissent et savent qu'avec lui il faut faire attention. Mais il y a des matins où il arrive, le visage fermé, le regard noir, et on sait déjà que ça ne va pas bien se passer. Depuis le début de l'année j'ai dû moi aussi le ceinturer et le mettre au sol deux fois. Quand il perd ses nerfs, ses bras se mettent à dessiner des demi-cercles menaçants pour tout le monde. La première fois, nous étions sur le palier en train de descendre pour la récréation. James, un autre élève difficile qui aime le titiller – les faibles adorent s'en prendre à plus faible –, venait de lui lancer je ne sais quel anathème. Il était dans tous ses états. À mesure que j'essayais de le maîtriser pour éviter qu'il ne frappe son camarade il semblait gagné par la panique. Son corps lourd en opposition, tête baissée, il lançait ses bras davantage pour se libérer de mon emprise que pour me faire mal. Plus j'usais de ma voix et de ma force pour tenter de le soumettre et plus il se débattait. Changeant de tactique, je l'amenai au sol le plus doucement possible en lui répétant : « Je ne te veux pas de mal, Issa, je ne te veux pas de mal, mais il faut que tu te calmes. On ne peut pas te laisser comme ça. Calme-toi, Issa, calme-toi. » Comme d'habitude, la directrice Isabelle, mère universelle, était arrivée et l'avait emmené dans son bureau, le tenant par la main, comme un petit enfant.

La deuxième fois, il m'avait fait tomber en pleine classe alors que je l'avais à nouveau ceinturé après qu'il avait voulu quitter la salle de son propre chef. Au moment où je l'amenai au sol, il poussa brutalement sur ses deux pieds, nous entraînant à la renverse sous les yeux médusés de la classe. Dans les cordes mais le ceinturant toujours, j'essayais de reprendre le contrôle de la situation : « Tu peux être fier de toi, mais tu n'iras pas plus loin, Issa, tu ne peux pas bouger, alors tu te calmes ou pas ? » Et le même cinéma : la directrice qui arrive et qui repart avec lui, tout penaud, d'autant plus que je m'étais fait mal au dos dans la chute.

Le lendemain matin, il était venu me voir dans la cour avant de monter en classe : « Je vous demande pardon, maître, je ne voulais pas vous faire mal. » Poussant l'avantage, j'avais surjoué la douleur et je lui avais demandé de se poser des questions : il était très fort et preuve était faite que quand il perdait le contrôle de lui-même il devenait dangereux pour les autres, même pour son professeur. Est-ce bien ce qu'il souhaitait ?

Arrivé en classe je dictais la citation du jour, choisie à dessein : « Rester en colère, c'est comme tenir un charbon ardent dans l'intention de le jeter sur quelqu'un : c'est vous qui vous brûlez. » Les yeux d'Issa s'étaient allumés à mesure que les autres élèves démaillotaient le sens de cet aphorisme de Bouddha. Petit à petit il comprenait que c'était d'abord lui qu'il martyrisait dans ses phases de crise. Restait à lui faire valoir les bénéfices d'un changement d'attitude.

Je repensais à ces scènes de panique où il lançait ses bras. On aurait dit un enfant maltraité qui revivait ses traumas. Ses parents congolais s'étaient séparés quand il avait trois ans. Son père était parti, le laissant à une mère à la santé mentale défaillante. Quatre ans plus tard, il avait intégré le foyer du quartier. Ce qui me faisait réfléchir, c'était l'amour de la directrice. Infailliblement elle réussissait à le ramener à son humanité. J'allais essayer de m'en inspirer.

Je me mis à lui donner du travail à sa mesure. Il avait sa table au fond de la classe, un plan de travail combinant calculs et écriture au niveau CE1, et les autres élèves étaient invités à l'aider quand ils avaient fini. Lui qui était inlassablement renvoyé à son impuissance à l'écrit du fait de ses lacunes, qui cherchait systématiquement à prouver aux yeux des autres qu'il n'était pas bête même s'il ne savait pas répondre aux questions, d'un seul coup il réussissait. Il arborait comme des trophées ses TB écrits en rouge sur son cahier. Personne n'était dupe dans la classe mais on avait compris que ça lui faisait plaisir, alors on se prêtait au jeu. Je lui donnais de la calligraphie, prenais un peu de temps pour lui tandis que les autres planchaient sur un exercice. Quand je passais derrière lui je ne manquais pas de l'encourager d'une petite tape sur l'épaule. L'apprivoisant peu à peu, j'avais gagné sa confiance. Comme on regonfle patiemment un ballon abandonné, je le valorisais le plus possible, mettant en avant ses progrès tant dans les exercices que dans le comportement. Il commençait à trouver sa place dans la classe. Un soir avant de sortir il était venu me donner une orange comme on offre un cadeau inestimable.

Mais les choses ont vraiment changé quelques mois plus tard, ce mercredi 5 décembre 2017. Mon fils Raphaël se soucie beaucoup d'Issa. Il en entend régulièrement parler à la maison, surtout depuis qu'il m'a envoyé chez le médecin pour mon dos. Il est intrigué car je lui dis en même temps que je le trouve touchant. Il aimerait le connaître, peut-être l'aider. À huit ans, il a l'altruisme naturel. Ce matin, n'ayant pas de solution de garde, je dois l'amener avec moi à l'école. C'est l'excitation maximale dans la cour de récréation : le fils du maître est là. Raphaël est habitué à cette hystérie car je l'amène rendre visite à ma classe au moins une fois chaque année. « Il est beau vot' fils, maître ! » « Il est gentil ! » Il se passe toujours quelque chose quand je l'amène à l'école. Les enfants y voient une marque de confiance, un partage d'intimité qui les touche.

Dans la classe, j'invite Raphaël à s'asseoir à côté d'Issa. Frémissement parmi les élèves. Issa est l'élu. Issa a droit à l'ultime privilège. Issa regarde les autres avec un sourire éclatant. Bonheur et fierté, tout ce qui lui manquait. Enfin il a le sentiment d'être reconnu !

Tandis que le cours commence, je vois Raphaël au fond de la classe en train de parler doucement avec lui. Mon fils qui a tout, qui baigne dans le confort matériel, intellectuel et surtout affectif ; à côté d'Issa qui n'a rien. Raphaël ouvre le plan de travail que je leur ai donné et ensemble ils se mettent à la tâche. Mon fils se révèle être mon meilleur ambassadeur. Dans la cour ils jouent ensemble. Issa est prêt à le défendre au moindre danger, même si personne n'oserait le bousculer. Le soir même, Raphaël sort de sa chambre et me tend une superbe voiture de sport électrique dont il a perdu la télécommande : « C'est pour Issa, tu lui donneras demain ? »

Quand, une fois la classe sur le palier, je sors la voiture pour la donner à Issa, il est en arrêt. Je lui dis de la cacher dans son sac et de n'en parler à personne. C'est un souhait de mon fils mais il faut garder le secret pour ne pas faire de jaloux – qu'il se mette un peu à la place des autres ! Le reste de la journée, Issa est heureux et méditatif. Il semble à la fois touché et perplexe. Le lendemain matin, il reste en retrait le temps que les élèves se rangent sur le palier pour la récréation, puis il sort de son cartable une magnifique voiture de rallye elle aussi sans sa télécommande : « C'est pour votre fils, maître. » « Mais non, Issa, tu n'aurais pas dû, franchement… » mais je m'interromps. Je le regarde. Il est si fier. Issa se révèle tel que je l'avais toujours deviné : généreux.

De ce jour Issa sembla métamorphosé. Il venait aux sorties dans les musées sans aucun problème. Il fallait parfois le ramener à l'ordre mais il m'écoutait sans faillir, rassemblant ses esprits et ses nerfs quand je le lui demandais. Avec l'aide de toute l'équipe pédagogique il ne cessait de progresser, à sa mesure. Il parlait en classe, riait, ne tapait plus personne.

Les derniers jours de l'année, je le regarde jouer avec les autres pendant la récréation avec le sentiment du devoir accompli. Il n'y aura pas de miracle, il sera orienté dans une classe spécialisée l'an prochain. Mais quelle superbe il a quand je lis devant la classe son commentaire sur son livret scolaire : « En progrès sur tous les plans, Issa a fait de beaux efforts cette année. Il a progressé en maths, fait preuve d'une plus grande capacité de concentration et grâce à son meilleur comportement il s'est fait une vraie place de camarade dans la classe. La lecture reste encore incertaine et la dysorthographie importante. Mais dans une classe adaptée, étant donnés ses nombreux progrès, nous sommes confiants qu'Issa pourra continuer au collège sur cette bonne voie. »

Toute la classe applaudit.

En cette fin d'année la joie d'Issa suffit à notre bonheur.

*

Jamais je ne me suis senti capable d'une telle mansuétude et d'un tel souci de l'autre quand je travaillais sur les marchés. La question ne se posait même pas. Mon énergie et mes priorités étaient ailleurs. Après quinze ans d'enseignement, c'est ce qui fait le sel de ma vie. Ainsi la récompense véritable ne se trouverait ni dans les cieux ni sur quelque obscur compte en banque, mais sur cette bonne vieille terre ? Matthieu Ricard[1] en plaide la cause : le soin apporté à l'autre est une profonde source de bonheur. L'amour porte un parfum de paradis. On récolte ce que l'on sème…

Bien sûr, le monde n'est pas partagé de manière stricte entre d'un côté ceux qui cultivent le souci de

1. Matthieu Ricard, *Plaidoyer pour l'altruisme*, Pocket, 2014.

l'autre, et de l'autre ceux qui l'oublient. Et le plus beau métier du monde a aussi ses faces sombres, ses renoncements et ses égoïsmes parés de bons sentiments. Mais je crois que la question peut quand même se poser : comment l'argent en est arrivé à primer sur tout le reste, jusqu'à l'attention portée à l'autre ? Dans notre frénésie d'accumulation et de consommation, qui a encore le temps de se soucier de son prochain ? À force d'habitude, on ne se rend même plus compte de ce à côté de quoi on passe.

Il me paraît aujourd'hui si évident que la véritable richesse réside dans la relation à l'autre, dans la confiance mutuelle, dans le bonheur d'éduquer mes élèves, d'aider son prochain. Alors, comme retombe un soufflé, s'apaise la course folle. Comme si quelque chose était enfin comblé.

Comment notre civilisation occidentale, profondément marquée par le message du Christ, a-t-elle pu construire un monde dans lequel l'argent est le Graal suprême ? Comment avec Jésus pour modèle a-t-on pu en arriver là ? Quelle sorcellerie l'argent déploie-t-il pour nous détourner ainsi de l'amour ?

Que pouvons-nous bien mettre derrière tous ces chiffres suivis de plus ou moins de zéros sur des ordinateurs, quelle valeur vitale y investissons-nous pour qu'ils prennent autant de place dans nos existences et dans notre société ?

À l'égal d'un dieu ?

« L'amour peut beaucoup, l'argent peut tout », dit un proverbe espagnol. Le secret de notre fascination pour l'accumulation de richesses résiderait-il dans notre volonté de puissance ?

Marx estimait dans ses *Manuscrits de 1844* que l'argent, telle une pierre philosophale, avait le pouvoir de nous transformer. Ce livre, dans lequel le célèbre économiste démontre toute sa dimension philosophique, mérite un détour :

> L'argent, qui possède la qualité de pouvoir tout acheter et de s'approprier tous les objets, est par conséquent l'objet dont la possession est la plus éminente de toutes. L'universalité de sa qualité est la toute-puissance de son être ; il est donc considéré comme l'être tout-puissant. (…)
>
> Ce que je peux m'approprier grâce à l'argent, ce que je peux payer, autrement dit ce que l'argent peut

> acheter, je le suis moi-même, moi le possesseur de l'argent. (...). Je suis laid, mais je puis m'acheter la femme la plus belle. Je ne suis pas laid, car l'effet de la laideur, sa force repoussante, est annulé par l'argent. (...) Je suis méchant, malhonnête, dépourvu de scrupules, sans esprit, mais l'argent est vénéré, aussi le suis-je de même, moi, son possesseur. (...) Moi qui puis avoir, grâce à l'argent, tout ce que désire un cœur humain, ne suis-je pas en possession de toutes les facultés humaines ? Mon argent ne transforme-t-il pas toutes mes impuissances en leur contraire ?

À travers l'argent, je peux tout faire, et particulièrement ce que je n'aurais pas pu faire sans argent. L'argent serait cette toute-puissance capable de résoudre nos impuissances, nos faiblesses, nos fragilités ? Quand on considère le pouvoir et les passe-droits des plus riches de la planète, on est en droit de se demander si, grâce à la technologie, l'argent ne fait pas de ses grands possesseurs des surhommes, qui partant à la conquête de l'espace, qui à la conquête de la mort...

Ainsi non seulement l'argent peut nous apporter tout ce qui nous fait défaut mais il peut même désormais nous transformer en demi-dieux.

Cela amène chacun d'entre nous à y projeter sa volonté de puissance, ses désirs inassouvis, ses angoisses et ses manques, etc., bien au-delà du raisonnable. On n'a jamais assez d'argent pour faire face à nos peurs et à tout ce que la vie peut nous réserver. On n'a jamais fini de se prouver quelque chose. On n'a jamais assez d'argent pour compenser un manque d'amour ou les plaies du passé. L'affect n'est jamais véritablement comblé par l'argent.

De là la démesure inhérente à son accumulation : elle se trompe d'objet.

Car même si l'argent peut bien sûr contribuer au bien-vivre, les grandes gratifications de l'existence sont pour la plupart hors de sa portée.

Je n'en avais absolument pas conscience avant de changer de métier. Financier à succès, je voguais de grandes banques en grandes banques, je faisais gagner des fortunes à mes clients, j'étais très apprécié de mes collègues et de ma hiérarchie. Je gagnais très bien ma vie et vivais en couple avec une femme tout aussi accaparée que moi par une carrière ascensionnelle. Tout roulait sur les chapeaux de roues ! J'avais l'impression d'extraire le sel de l'existence, mais, sans que je m'en rende compte, cette vie incroyablement autocentrée corrodait peu à peu ma capacité à aimer. Les questions sociales m'étaient étrangères ; tout juste m'y intéressais-je quand des enjeux politiques pouvaient modifier la donne sur les marchés. L'altruisme était une belle idée philosophique. Ma relation conjugale se délitait lentement, à la mesure du peu de temps que le travail permettait de lui consacrer, et l'idée d'avoir des enfants paraissait toujours plus abstraite.

Puis j'ai appris la maladie de ma mère. La personne que j'aimais le plus au monde allait mourir. Que peut l'argent dans ces moments-là ? Allais-je pouvoir acheter quelques mois de vie supplémentaire à ma mère grâce à l'argent que je gagnais ?

J'allais l'emmener aux États-Unis ! Ils sont très forts là-bas ! Mais le médecin américain que je contactai m'expliqua qu'il n'y avait aucun traitement existant à ce jour pour sa maladie. Le choc était brutal. Car dans le monde de la finance où l'argent rend tout si facile, on finit par penser qu'il peut tout résoudre. Je réalisais d'un seul coup que l'essentiel était hors de sa portée : l'amour et la mort.

Les longues années de confrontation avec la maladie de ma mère m'ont beaucoup donné à penser sur le sens de l'existence. Puisque cette vie était bornée, puisque nous n'étions qu'un trait d'union dans la chaîne du vivant, à quelle logique devions-nous obéir, à quel saint se vouer ?

*

Ce sont deux anciens amis du lycée Louis-le-Grand qui m'ont ouvert la voie de l'enseignement. Ils étaient devenus instituteurs, fait rare pour des élèves issus de ce lycée.

L'un d'eux était un véritable crack. Il survolait les cours de maths, ce qui n'est pas peu dire dans un établissement aussi élitiste en la matière. Après avoir intégré HEC avec une facilité déconcertante et à la suite d'un premier job dans le marketing, il avait tout plaqué pour reprendre des études d'histoire et passer le concours de professeur des écoles. Attaché à lui par les indéfectibles liens des souffrances adolescentes, je continuais à le voir régulièrement, de même que mon autre ami, haut de deux mètres, qui me racontait non sans humour l'aura de stentor dont il bénéficiait dans sa classe de CE1. L'un et l'autre recelaient des trésors d'anecdotes sur tel ou tel enfant et chaque fois l'utilité de leur engagement sautait aux yeux.

Alors que je naviguais dans le monde des chiffres et de la finance, entouré de matheux qui comme moi avaient fait le choix de l'argent plutôt que du sens, l'orientation que mes amis d'enfance avaient donnée à leur vie au regard de leurs capacités m'apparaissait à la fois saugrenue et intrigante… Sans doute étais-je aussi un peu jaloux. Jaloux du temps dont ils disposaient pour vivre leurs passions et s'occuper de leurs enfants. Jaloux de leur intégrité et de l'accord manifeste entre leurs convictions et leurs actes. Jaloux de leur assise profonde dans la vie, quand mon existence à moi ressemblait à un château de cartes prêt à s'envoler au premier coup de vent du destin. Car comme tant de gens dans les multinationales, je prenais part à un système dont je ne partageais pas au fond les valeurs. Et pourtant je parvenais à rester dans cet inconfort affectif et moral, mettant ma conscience de côté ou me mentant à moi-même. Ce dont j'étais sans doute le plus jaloux, c'est de la richesse humaine dont témoignaient leurs anecdotes. Leur engagement, que j'apparentais à du bénévolat au regard de leur salaire, me faisait réfléchir…

*

Devenu instituteur j'ai découvert un monde emprunt d'humanité, un monde que j'avais tout simplement oublié. Le monde des enfants est débordant de vie et éclatant de vérité. Ce n'est pas un monde idéal, loin de là, mais au moins il ne ment pas. Le sens qu'il recèle prend racine au cœur de l'expérience humaine.

Je lis chaque année à mes élèves la lettre de Camus écrite à son instituteur d'Oran à la suite de son prix Nobel. L'hommage qu'il fait à cet homme de bien qui l'a révélé à lui-même et qui lui a ouvert l'avenir constitue un fragment d'anthologie :

> Cher Monsieur Germain,
>
> J'ai laissé s'éteindre un peu le bruit qui m'a entouré tous ces jours-ci avant de venir vous parler un peu de tout mon cœur. On vient de me faire un bien trop grand honneur, que je n'ai ni recherché ni sollicité. Mais quand j'ai appris la nouvelle, ma première pensée, après ma mère, a été pour vous. Sans vous, sans cette main affectueuse que vous avez tendue au petit enfant pauvre que j'étais, sans votre enseignement, et votre exemple, rien de tout cela ne serait arrivé.

En entendant ma voix trembler à la lecture de cette lettre, les élèves comprennent pourquoi je suis devant eux. C'est ma manière de leur dire que je leur proposerai toujours cette main tendue s'ils en ont besoin. Manière aussi de leur dire qu'il y aura un certain niveau d'exigence : on ne devient pas Camus en se tournant les pouces ! Je leur demande ensuite d'imaginer ce qu'a ressenti l'instituteur en lisant cette lettre, de se mettre à sa place et à travers lui, à la mienne. Je leur dis de sortir une feuille et d'écrire la lettre de Monsieur Germain en réponse à la mythique missive. Avant de se lancer, on discute de ce qu'elle pourrait bien contenir : de l'émotion, de la joie, de l'affection et quelques anecdotes faisant revivre le passé en mettant en scène un camarade, la directrice de l'école ou un moment entre le professeur et son élève. À eux d'inventer !

Puis il n'y a plus un bruit. La classe s'absorbe dans un ardent silence comme dans un hommage au sage révolté. Je circule, encourage, félicite les inspirés, tente d'inspirer les autres. Chaque année à la fin de la journée je m'installe bien au calme pour découvrir avidement leurs lettres dans lesquelles se lisent à cœurs ouverts leurs relations aux professeurs, à l'école, à la société. Les plus défavorisés font presque toujours référence à la pauvreté du petit Camus, les mieux lotis aux promesses qu'il recélait déjà. Ces lettres font passer plein de messages. Certains me rappellent que cette main tendue était bien normale : c'est le rôle d'un instituteur d'aider ses élèves, il n'a fait que son devoir !

C'est une des plus belles séances de l'année. Tous semblent marqués par ce petit immigré d'Oran, parti de rien et parvenu au sommet de l'estime internationale. Peut-être aussi parce que je leur en parle avec ferveur.

À travers la voix de Monsieur Germain, c'est à l'école en général et à tous les maîtres et maîtresses qui les ont portés que ces enfants confessent leur attachement. Comme si l'histoire de Camus leur faisait prendre conscience de la chance d'émancipation qui leur est donnée, de ce rêve que fut l'école Républicaine et qu'elle tente de préserver contre vents et marées.

Chaque semaine ou presque je vis un moment riche. Jamais ma vie dans la finance ne m'a apporté de telles satisfactions humaines. Certes, quand je faisais gagner de grosses sommes à un client, il m'invitait à déjeuner dans un grand restaurant pour marquer le coup. Mais la conversation à table était immanquablement asséchée par l'argent qui monopolisait tout.

Je me souviens d'un client libanais, dont la fortune se chiffrait en centaines de millions, qui avait fait venir à table, dans l'enceinte grandiose de l'hôtel Bristol, un énorme paquet cadeau à mon attention. Intrigué, je déballai l'offrande pour découvrir sous son sourire satisfait un siège design, sans dossier ni accoudoirs, qui fonctionnait comme un rocking-chair. C'était, me dit-il, le dernier cri du style suédois. Il me l'offrait par souci pour mon dos qui devait être malmené par les longues heures que j'effectuais pour suivre les marchés jusqu'à la clôture de Wall Street à 22 h 30. Je m'étais fendu de moult remerciements, puis la conversation avait repris à la recherche de nouvelles pépites sur lesquelles investir.

Une fois chez moi, je contemplais le siège monté, non sans perplexité. Il était beau, pur et froid. Je sentais dans ce présent une gentille attention, mais aussi l'intention de me rendre encore plus dévoué et performant. J'étais un jeune jockey prometteur sur lequel le vieux brisquard misait comme sur une start-up des marchés. Toute chose étant égale par ailleurs, c'est sur ce siège que j'écris encore aujourd'hui…

Il est très difficile de ressentir une vérité et une sincérité des rapports humains dans la finance de marché et plus généralement quand il est question de « business ». Même quand il est affaire de compliments, d'invitations grandioses ou de cadeaux, tout est dominé par un seul objectif : l'accumulation du capital. Rien n'est gratuit. Tout est calculé, compassé et sans surprise : les costumes sombres et impeccables, les chemises blanches ou bleues, les dents éclatantes et les discours séduisants, les hôtels luxueux et aseptisés, la cravate normée, si possible la peau bronzée. Mais à aucun moment on ne sent la simple sincérité, l'élémentaire authenticité. Du financier est attendue une maîtrise de lui-même et de son apparence, achetée à prix d'or, qui retient quelque chose de son humanité.

*

Dans une classe, au contraire, la vérité des sentiments s'exprime presque à chaque instant, parfois à l'excès. Il y a bien sûr la position statutaire du maître qui biaise un peu les choses, mais tout se ressent. L'affect et l'esprit s'entremêlent dans une limpide ingénuité. On lit à travers les élèves comme dans autant de livres ouverts : ils ne cessent de nous révéler des choses sur eux-mêmes, sur leurs origines, leurs caractères, leurs promesses et leurs entraves. Pour peu que les enfants perçoivent le souci sincère que l'enseignant a pour eux, ils lui accordent leur confiance sans compter.

Quand on parvient à éveiller la curiosité d'un enfant, qu'on défie gentiment son entendement en le guidant sur les chemins de la connaissance, il y a dans ses yeux qui comprennent une lumière plus étincelante que celle d'un joyau. Et c'est évidemment des élèves les plus difficiles qu'on garde les souvenirs les plus vifs, et d'autant plus quand on parvient à les sortir un peu de leur prison sociale.

À l'automne 2011, je suis au téléphone avec mon ami géant enseignant dans le primaire. Je lui parle régulièrement de mes élèves, un peu comme on se réfère à un mentor. Je lui raconte ce qui m'est arrivé l'après-midi même avec la mère de Nasser. Il connaît bien ce dernier car je lui en ai souvent parlé. Nasser fait partie de ces enfants qui donnent tout son sens au métier d'enseignant. D'origine algérienne, toujours habillé proprement mais dans un relatif dénuement, c'était à son arrivée dans ma classe un élève réputé difficile. Impulsif et susceptible au possible, il m'avait fallu dans un premier temps prendre nettement l'ascendant sur lui et user de ma voix, jusqu'à m'engager corporellement en le saisissant vigoureusement par le bras quand il s'emportait. J'avais pourtant tout de suite perçu une intelligence remarquable derrière son écriture irrégulière et torturée. Il avait un goût prononcé pour l'histoire. J'avais le plein soutien de sa mère qui l'élevait seule avec son jeune frère à la suite d'un courageux divorce dans le monde musulman, pour cause de violences conjugales. Je me rappelle la première fois que je l'avais vue, suite à une nouvelle crise de son fils. Elle était assise coiffée d'un foulard, tête baissée, dans le bureau de la directrice. Mes préjugés d'ancien financier des beaux quartiers s'étaient en un instant mis en branle. Puis suspendus, quand j'avais rencontré son regard. À la fin de l'entretien, j'étais abasourdi : cette femme intelligente et valeureuse méritait mille fois le respect. L'école a cet avantage de vous faire côtoyer absolument tous les milieux culturels et socioprofessionnels. Cette confrontation balaie une à une les idées reçues.

Avec son aide nous avions amené Nasser à s'assagir et à concentrer son énergie sur les savoirs. Soucieux de justice, il avait développé une affection particulière pour Victor Hugo dont je présente chaque année plusieurs textes à mes élèves. Que ce soit pour ses engagements politiques, pour *Les misérables* et la prise de conscience de Jean Valjean après que l'évêque de Digne l'eut sauvé et qu'il eut dérobé sa pièce au petit Gervais, que ce soit pour le sublime poème en alexandrins *L'expiation* qui narre la chute de Napoléon, ou pour son légendaire enterrement dans les rues de Paris, Nasser s'était trouvé en Hugo un héros. Il avait un jour écrit dans un commentaire d'histoire : « Et puis Victor Hugo il a toujours soutenu les pauvres, il a même voulu être enterré dans un cercueil de pauvre. Eh ben il y avait deux millions de personnes à son enterrement ! »

D'ailleurs, je dois avouer avoir vraiment découvert Victor Hugo en devenant enseignant et en constatant l'effet que produisait la fréquentation de cet auteur chez des enfants défavorisés. Son humanité, perceptible dans chacun de ses textes, les émeut. Il faut les entendre réciter « Demain dès l'aube… », la gorge serrée à l'idée que le grand homme ait pu souffrir la perte de sa fille adorée.

Je leur fais visiter chaque année sa maison place des Vosges à Paris. L'année durant laquelle Nasser était dans ma classe, j'avais demandé aux élèves d'apprendre les quatre premières strophes d'*Oceano Nox* pour pouvoir les réciter sur place. Le jour J, tandis que la conférencière nous guidait avec maestria dans la demeure et dans la vie de l'écrivain, comme convenu elle s'arrêta dans la salle à manger ornée de meubles et de faïences fabriqués par l'artiste et proposa aux élèves de réciter le poème en hommage à sa mémoire. Personne ne l'avait appris, sauf Nasser. Fier et intimidé, il s'avança au milieu de la pièce et déclama les vers du poète avec une ardeur croissante qui chantait son enthousiasme et son admiration.

> Ô Combien de marins, combien de capitaines
> Qui sont partis joyeux pour des courses lointaines,
> Dans ce morne horizon se sont évanouis !
> Combien ont disparu, dure et triste fortune !
> Dans une mer sans fond, par une nuit sans lune,
> Sous l'aveugle océan à jamais enfouis !

Les visiteurs s'étaient arrêtés et écoutaient. Le soleil magnifié par la place des Vosges striait la pièce de faisceaux lumineux. Le temps s'était suspendu comme si le poète s'incarnait un instant dans cet enfant. À la fin, un vieux monsieur était allé voir Nasser pour le féliciter puis il m'avait pris à part pour me dire avec ferveur son émotion.

Il est difficile de décrire le bonheur qui vous saisit dans ces moments-là. C'est un envahissement du cœur. On ne peut en percevoir la puissance existentielle qu'en en faisant l'expérience.

Toutes ces histoires, je les partageais avec mon ami instituteur, lui-même d'origine algérienne. Mais ce soir-là, c'était à propos de la mère de Nasser que je l'appelais. Nasser avait quitté l'école l'année précédente et il se débrouillait apparemment très bien au collège. Nous étions un mois après la rentrée. Mon deuxième enfant était né deux semaines plus tôt. À la sortie des classes j'ai vu la mère de Nasser me faire signe depuis le trottoir. Tandis que j'allais à sa rencontre, je la vis s'avancer vers moi un joli paquet cadeau à la main. C'était pour la naissance de mon fils, et pour tout ce que j'avais fait pour Nasser. Je la remerciai chaleureusement en portant ma main au cœur puis en la prenant dans mes bras.

En rentrant chez moi je découvrais un magnifique jouet électronique Fisher-Price visant à éveiller l'esprit de mon petit. Et je me suis mis à pleurer.

Émus lui aussi par ce récit, mon ami m'asséna ce soir-là une phrase qui est restée gravée dans ma mémoire : « Eh ben tu vois, tous les millions que tu aurais pu gagner dans la finance, ils n'auraient jamais pu te payer ça ! » Je découvrais qu'il y avait dans la vie des gratifications plus grandes que celles qu'offrait l'argent et qui nourrissaient suffisamment l'existence pour attirer des vocations, malgré un maigre salaire.

Car, soyons sérieux, si les traders étaient payés comme les instituteurs, la profession aurait mis la clé sous la porte depuis longtemps.

Monopolisés

Je ne sais pas dans quelle mesure cela a contribué à ce que j'entre dans la finance, mais je me souviens dans mon enfance avoir joué maintes fois avec mes cousins au syncrétique jeu du Monopoly.

Je me rappelle les liasses de billets qui s'empilaient et les hôtels que j'accumulais un peu partout sur le plateau lors des meilleures parties. Quelle sensation ! Maisons vertes, hôtels rouges. J'étais le plus fort, le plus riche, et tout le monde m'enviait. La rue de la Paix me fascinait. Quand durant l'une de nos balades dans Paris nous y étions passés avec mes parents, j'étais resté médusé devant toutes ses bijouteries étalant or et diamants. C'était donc là le divin secret de cette rue de la fortune.

Nous jouions souvent après le déjeuner dominical. Je me rappelle les crises de colère de mon cousin quand il s'arrêtait sur un de mes hôtels des rues huppées. Je ne me souviens évidemment pas de toutes les parties que je perdis… Le seul épisode qui me reste en mémoire est celui de la sensation terrible de devoir hypothéquer une à une « mes » maisons. Une sensation de chute et de déchéance, jusqu'à la ruine.

Pied de nez du destin, j'allais plus tard travailler au bout de la rue de la Paix, place Vendôme, pour la grande banque américaine fondée par John Pierpont Morgan, dont le portrait figura longtemps sur les billets du Monopoly américain.

*

Depuis près d'un siècle, ce jeu forme une certaine jeunesse aux fondements du capitalisme. C'est bien la seule fois enfant qu'on entend parler d'hypothèque, notion que nombre d'entre nous redécouvriront à l'âge adulte en devenant acquéreurs.

Le but du jeu est de ruiner ses adversaires. La partie est gagnée quand tous les autres ont fait faillite. Alors le monopole est total. Le jeu initial, « The Landlord's Game », avait d'ailleurs été créé par Elizabeth Magie pour dénoncer les effets antisociaux du monopole de l'argent sur la propriété du sol. Mais telle est la force majeure de l'argent que de ramener tout ce qui fonctionne dans son giron. Face au succès de ce jeu aux États-Unis, trente ans plus tard la compagnie Parker Brother racheta les droits pour en faire un des porte-étendards de l'esprit capitaliste.

Pourtant, la partie devrait se poursuivre pour que le vainqueur se rende compte qu'une fois tous les autres en faillite, il ne peut plus continuer à jouer ni à toucher le moindre loyer. Ce jeu expose très simplement le problème central lié à l'argent : dans sa logique accumulative, il aspire au monopole. Il veut tout quantifier, tout avaler : les terres, les ressources, l'humanité. Il nous entretient dans un rêve d'omnipotence et nous fait basculer dans l'illusion que nous pourrions devenir l'unique maître de la table de jeu. Il présuppose que tous veuillent s'enrichir. Et en embrassant toute chose et tout être dans son enveloppe, il devient aussi insensiblement que sûrement notre dieu, et par suite notre démon.

L'argent monopolise nos destins individuels et collectifs, chaque jour un peu plus. Grâce à l'informatique tout devient chiffre et *big data*. Le monde est passé au crible des tableurs et des algorithmes. Le financier s'immisce dans chaque recoin de l'activité humaine. Tout a un prix. Partout on entend limiter les risques et maximiser les profits. Et pourtant le capitalisme se nourrit par essence du déséquilibre et de ses propres contradictions : l'insatisfaction, la guerre, le marché des bons d'émission de CO_2, la frustration, les crises, l'envie des pauvres de devenir riches, les médicaments pour les stressés, les déprimés, les obèses…

Mais dans le jeu capitalistique, contrairement au Monopoly, on ne remet pas les compteurs à zéro à chaque partie. Comme l'a implacablement démontré Thomas Piketty dans son livre *Le capital au XXIe siècle*, ce sont par construction les déjà riches qui deviennent plus riches. Et c'est plus que jamais le cas dans le grand jeu financier mondialisé où l'argent transnational aspire la survaleur planétaire.

L'innovation ou la célébrité permettent à certains élus de s'immiscer dans la cour des gros. Ainsi Marc Zuckerberg, Jeff Bezos, Bill Gates ou Larry Page[1] sont devenus les hommes les plus riches du monde en quelques années. Ainsi les fortunes de Lady Gaga, Rihanna, Kim Kardashian ou Taylor Swift se sont-elles envolées ces dernières années par centaines de millions de dollars. Avec ces « réussites » pour modèle, le capitalisme jette dans l'arène les participants pour une lutte sans fin de tous contre tous, avec des promesses de fortune pour quelques-uns et d'asservissement pour beaucoup,

1. Respectivement fondateurs de Facebook, Amazon, Microsoft et Google.

en jouant sur le pari que chacun fera de tirer les bons dés et de tomber quelque part entre les deux, pas trop mal loti.

C'est le mythe du self-made-man et le Black Friday américain pour tout le monde.

*

Le désir central du capitalisme, en même temps que son principe constitutif, c'est l'accumulation, c'est-à-dire *in fine* l'inflation illimitée de l'égo humain. Accumulation d'objets dans une boulimie de consommation, accumulation chrématistique dans une lutte perdue d'avance contre la mort. Cette démesure exclusive de l'accumulation ressemble à un désir enfantin d'omnipotence et au rêve absurde de tout contrôler : le monopole final et universel. Une folie dont tous conviennent et à laquelle chacun participe.

*

Parmi les clients que je conseillais, l'un d'eux, Monsieur T., était un cas à part. Bien sûr j'avais de nombreux clients qui m'appelaient tous les jours, mais, en la matière, il les surpassait tous largement. Chaque matin il était le premier au bout du fil : « Bon alors, Gilles, qu'est-ce qu'on fait aujourd'hui ? » Il lui fallait une idée toute prête pour égayer sa journée, une proposition d'investissement pour alimenter sa « réflexion ». S'ensuivait divers appels pour préciser les choses une fois lecture faite de l'étude que nous lui communiquions ou de ses propres recherches. C'était l'époque de la bulle Internet et il ne fallait pas être grand clerc pour gagner beaucoup et très vite. D'un air docte, il annonçait combien il allait jouer aujourd'hui. Si l'idée lui plaisait il y allait franco, mais s'il avait des doutes il le faisait savoir par la maigreur de son ordre : « Bon je vais vous suivre mais on va commencer par une petite ligne de 50. » Cinquante mille euros, s'entend, on compte par milliers quand ce n'est pas par millions sur les marchés. J'avais l'impression d'être un croupier prenant les mises d'un accroc du casino. Toute la journée – et surtout à partir de l'ouverture de la bourse américaine à 15 heures – il revenait à la charge. Un coup pour prendre ses profits sur telle ou telle action, un coup pour partager son inquiétude relativement à celles qui « n'avançaient pas » ou suite à une nouvelle défavorable qui mettait un titre sous pression. Il était souvent au courant avant nous. Comment faisait-il ? Il avait certes plusieurs courtiers mais il semblait parfois plus au fait que les opérateurs de marché eux-mêmes... Ce client suscitait ma curiosité.

J'obtins réponse à mes questions en allant un jour déjeuner dans son appartement donnant sur le bois de Boulogne. Nous avions fait de bonnes affaires et les liens s'étaient resserrés. Il voulait sans doute marquer cette intimité en m'ouvrant les portes de sa maison. C'est sa femme qui était venue m'ouvrir, une grande femme blonde, longiligne et sensiblement plus jeune que lui. Elle dégageait cependant une vague impression d'ennui bourgeois ; cette vacuité de l'âme que l'on observe chez ceux ou celles qui ont tout mais à qui semble manquer l'essentiel. Après m'avoir reçu avec une courtoisie entendue, elle m'avait dit, en levant comme à regret les sourcils au ciel : « Il est dans sa "salle de marchés" ». Pourquoi parlait-elle de salle de marchés plutôt que de bureau ? Je n'allais pas tarder à le comprendre en entrant dans la pièce.

Devant une belle rotonde vitrée donnant sur un petit jardin verdoyant, Monsieur T. avait installé sur un immense bureau circulaire trois grands écrans d'ordinateurs équipés des derniers logiciels Bloomberg et Reuters[1], face auxquels trô-

1. Bloomberg et Reuters sont les deux grandes agences pourvoyeuses de cotations en direct des instruments financiers.

nait un magnifique fauteuil en cuir inclinable et à roulettes. Ah comme il était fier de me faire une petite démonstration. Deux téléphones fixes et un portable, une machine à café, une imprimante et quelques études éparpillées devant lui : son quotidien. Une sorte de dévot lisant les épîtres économiques en quête de quelque vérité et cherchant sur les écrans-vitraux les réponses à ses angoisses existentielles.

Dans le reste de l'appartement, décoré avec soin, il planait un grand vide. L'argent prenait toute la place : tableaux, bibelots, statuettes, sacs de luxe, mobilier design… Chaque objet devait sa place au prix qu'il avait coûté. Dans la bibliothèque du salon, les livres étaient trop bien rangés. L'argent pesait de tout son poids et son monopole écrasant me paraissait propre à annihiler dans un même élan le cœur et l'âme, comme en témoignait le désœuvrement de sa compagne. Il n'y avait pas de place pour l'amour et l'esprit, seulement pour la dévotion au grand Marché.

Et mon client, à l'image d'un moine industrieux, m'expliquait ses dernières trouvailles. C'était un fou d'Internet. Il s'enthousiasmait comme un gamin devant les promesses de profits que recelait la vaste toile qui allait étendre son emprise sur le monde. Nous étions fin 1999, il me parla pour la première fois de Google et de l'avenir radieux qui s'ouvrait à cette entreprise et à ses algorithmes ultrarapides. Il avait du mal à garder son calme face à tant de révolutions à venir, toutes porteuses de gains fabuleux pour le capital. Je lui parlais comme un thérapeute à son patient en pleine phase maniaque, tout en me demandant dans quelle phase dépressive il allait retomber quand la bulle éclaterait.

Tandis qu'il devisait, je sentis une présence dans la pièce. Suivant mon mouvement, il se retourna pour découvrir avec moi sa femme qui attendait patiemment qu'il remarque à nouveau son existence. Elle le regardait comme un alcoolique dans sa cave à vin, avec un mélange de compassion et de mépris, consciente de l'addiction qui lui volait son mari. « Le déjeuner est prêt. » Une terrible lassitude se lisait dans sa voix, dans son sourire, son regard et son corps. Elle ressemblait à ces belles statues du Louvre, faites pour être admirées, mais qu'on aurait mises dans l'ombre. Une beauté éteinte…

Tandis que nous déjeunions en continuant de parler d'argent devant sa femme silencieuse, mon esprit vagabondait : je l'imaginais, à la manière de Vanessa Paradis dans une vieille publicité télévisée, enfermée dans sa grande cage dorée, se balançant mécaniquement en contemplant d'un regard perdu la liberté au-dehors. Bien sûr, dans mon rêve éveillé, j'ouvrais la porte pour laisser l'oiseau s'envoler.

*

On sent bien malgré tout depuis une vingtaine d'années qu'on approche de la fin de partie, tant le capital se concentre dans un nombre de mains de plus en plus réduit. Dans cette pléthore paroxystique des grands nombres s'écrit le revers de fortune aussi implacablement que dans une tragédie grecque. Quand il ne reste plus qu'une poignée de très gros à la table, la partie de poker touche à sa fin.

Ombre et lumière

Ainsi, à mesure que l'on cerne le concept et qu'à l'image d'un monstre tapi dans l'ombre de nos peurs et de nos désirs l'argent révèle le surinvestissement égotique et mortifère dont il est l'objet, ainsi s'impose à la conscience de l'être et de la société pensante l'impérieuse nécessité de le tenir en laisse.

À l'image de la colère ou de l'hyperinflation, l'argent une fois libéré de toute chaîne gagne en puissance et devient difficilement maîtrisable. Mais retenu par le cœur et la raison, l'argent s'apaise pour retrouver mesure et utilité. Il peut enfin redevenir liberté, émancipation, échange et richesse réelle. Les excès de son côté sombre ne doivent pas faire perdre de vue la fonction essentielle de son côté lumineux. Ombre et lumière, anges et démons, l'argent n'échappe pas à la dualité, il en est même l'incarnation ultime en tant que support totémique des projections humaines.

Avant de devenir instrument de notre démesure, l'argent est d'abord un outil de mesure incontournable. J'essaie de l'expliquer à mes élèves chaque année avec des exemples simples : comment le violoniste pourrait-il sans argent payer sa baguette ? Devra-t-il à chaque fois jouer un petit air à la boulangère ? Pas sûr que le boulanger soit content ! Comment le garagiste peut-il payer le plombier ? Par un échange de service ? Il va falloir attendre que le plombier ait une panne de voiture…

Comment le trader peut-il payer son légumier bio ? En lui donnant des conseils boursiers ?

L'argent est le médiateur universel de l'échange. Et c'est précisément sa capacité à pouvoir tout mesurer – et par rebond tout acheter ou tout vendre – qui lui confère son irrésistible attrait. C'est « l'anneau » qui inéluctablement fait luire dans l'esprit l'aspiration à dominer.

Tout outil, ou toute arme, crée une dualité à la mesure de sa puissance. Ainsi l'épée peut servir à tuer comme à couper ou à se défendre. À l'image extrême du nucléaire qui constitue à la fois une source d'énergie majeure et une menace sans équivalent pour l'avenir de l'humanité, plus un outil est puissant, plus il est porteur de risques s'il est placé dans de mauvaises mains.

L'argent n'est-il pas le plus puissant de tous les outils, puisqu'il les achète tous ?

*

Mardi 16 septembre 2008, au lendemain de la faillite de la légendaire banque américaine Lehman Brothers, après l'appel, Vincent lève la main : « C'est grave, maître, ce qui s'est passé aux États-Unis ? Mon père il se demande ce que vous en pensez. » Pas étonnant qu'il soit préoccupé, tous les médias tournent en boucle sur le sujet, découvrant brutalement une crise qui était en gestation depuis plus d'un an. La veille au soir mes amis financiers m'ont assailli de coups de fil, ils avaient besoin de se détendre, de prendre du recul. C'est la panique sur les marchés. Alors pour les consoler à défaut de les rassurer, je leur ai rappelé qu'avec les subprimes cette crise était inévitable, on savait tous qu'elle éclaterait un jour ou l'autre.

Un peu pris de court par sa question, je confirme à Vincent que c'est très grave, que cette faillite va avoir des conséquences dramatiques et nous plonger sans doute dans une crise économique. « Pourquoi ? C'est quoi une crise économique ? », « Ça veut dire quoi faire faillite ? », « Mais c'est quoi une banque, maître ? ». Manifestement le sujet les intéresse. Sortant des sentiers battus du programme, j'improvise un petit cours d'économie financière : « Une banque, c'est une entreprise chez qui d'un côté on dépose de l'argent pour le garder en sécurité ou le faire grossir, et de l'autre qui nous prête de l'argent quand on en a besoin. » « Pas toujours, maître… », intervient Abdoulaye. « Oui bien sûr, pas toujours, elle vérifie d'abord qu'on pourra la rembourser. » Mathilde s'étonne : « On lui dépose de l'argent et après elle nous le prête ? » « Non, elle prête à certaines personnes et garde l'argent d'autres personnes. » « Elles prêtent qu'aux riches, ouais ! » proclame Abdoulaye, clairement en verve ce matin. Amusé, je lui explique pourquoi : « C'est parce qu'en prêtant aux riches, la banque prend moins de risques et a plus de chances d'être remboursée. Elle n'est pas là pour aider les gens mais pour gagner de l'argent… » « C'est pas juste, maître ! » rebondit Priscille, et tous les élèves de reprendre en chœur : « Ouais c'est pas juste ! » « Ce n'est peut-être pas juste mais c'est comme ça que ça marche. Et puis on ne peut pas prêter de l'argent à n'importe qui… En fait la banque doit faire attention car elle prête beaucoup plus d'argent que ce que ses clients ont déposé sur leurs comptes. » « Comment elle fait ? » demande Ulysse, le matheux de la classe, un peu perplexe. « À chaque fois qu'elle prête 100 euros, on lui demande juste d'avoir 10 euros en réserve dans ses coffres. » Boubacar, la forte tête de la classe, se réveille soudain : « L'argent il est dans les coffres, maître, alors on va faire un braquage comme dans le film à Venise l'aut'jour ! » Toute la classe rigole. « Boubacar, les coffres c'est une façon de parler, maintenant l'argent n'est plus dans un coffre-fort, il est enregistré en informatique. » « Mais alors il est où, maître ? » s'inquiète Vincent. « Ça je t'avoue que je ne peux pas te répondre… Quelque part sur de gros ordinateurs… » Ulysse, qui n'a pas perdu le fil s'interroge : « Et les 90 % restants, ils viennent d'où ? » « Eh ben, la banque les crée. » « C'est une magicienne alors ? » s'amuse Adboulaye. « Un peu oui. Mais ça peut être dangereux si elle crée trop d'argent. Parce que dans ce cas, vu qu'il y aura beaucoup plus d'argent pour acheter des choses, les prix risquent d'augmenter et parfois très vite. Heureusement, maintenant il y a la banque centrale qui contrôle les banques et qui s'assure qu'elles ne prêtent pas trop. »

Je sens que certains commencent à décrocher. En même temps je les comprends. Ces questions sont arides et loin de leur quotidien. Mais l'actualité les pousse à percer le grand mystère financier. Vincent revient à ses moutons : « Mais alors pourquoi la banque américaine a fait faillite ? » « En fait elle a prêté beaucoup trop d'argent à trop de gens pour acheter des maisons alors qu'ils ne pouvaient pas rembourser. Quand il y a trop de prêts qui ne peuvent pas être remboursés, la banque fait faillite. » « Ça veut dire qu'elle n'a plus d'argent ?… Mais maître vous avez dit tout à l'heure que la banque elle faisait attention à qui elle prêtait ?! » me lance Aminata qui n'en perd jamais une. « Oui normalement, tu as raison. Mais pas cette fois. En fait les banques ont fait n'importe quoi. Elles ont prêté de quoi acheter leur maison à des gens qui n'avaient pas de travail ou qui ne gagnaient pas assez pour rembourser. Comme les prix des maisons n'arrêtaient pas de monter et que les banques prenaient les maisons en garantie, elles pensaient qu'elles ne risquaient rien. Et comme les prix montaient, tout le monde avait envie d'acheter. Mais quand les gens n'ont plus pu rembourser, les banques ont saisi les maisons et ont voulu toutes les revendre en même temps et ça a fait baisser les prix. Et donc elles ont perdu beaucoup d'argent, jusqu'à la faillite comme ça a été le cas pour Lehman Brothers. » Mathilde ne comprend pas : « Pourtant la banque centrale, vous avez dit qu'elle doit contrôler les banques. Pourquoi elle les a laissées prêter comme ça à tout le monde ? » Dans les cordes, je me retranche : « Ça, faudra lui demander… » « Mais alors on va plus avoir d'argent, toutes les banques elles vont faire faillite, maître, comme ils disent mes parents ? » s'inquiète Vincent. « Je ne sais pas. Je ne pense pas, ils trouveront des solutions, enfin j'espère. Mais ce qui est sûr c'est que ça va ralentir l'économie parce que l'immobilier et la finance jouent un grand rôle dans la croissance. »

Je perçois dans le regard des derniers élèves qui m'écoutent encore que leurs limites ont été franchies ; je regarde ma montre : cela fait près d'une heure que nous discutons. Je conclus en les invitant à prévenir leurs parents de la gravité de la crise à venir. Puis nous replongeons ensemble dans notre quotidien scolaire.

*

Les limites de l'endettement, maintes fois démontrées par les crises spéculatives et les situations de surproduction, ont donc trouvé leur paroxysme dans la crise de 2008 qui frappa d'abord l'immobilier puis les banques et les bourses, et enfin l'économie mondiale tout entière. Cette crise s'était construite sur un mirage de croissance éternelle de la consommation et des prix immobiliers, alimenté par une immense pompe à crédit devenue mondiale et tentaculaire grâce à la transformation d'emprunts douteux en titres financiers très bien notés. Elle constitue la démonstration la plus proche et la plus achevée de l'absurdité de notre fuite en avant débitrice entretenue, comme le rappelle Joseph Stiglitz, par une cupidité sans bornes[1]. Une forme de mort à crédit, programmée pour « quand c'est qu'on pourra plus payer ». Mais en attendant il y a tant à gagner. Enfermée dans sa passion fébrile, l'avidité est myope.

Plus encore que la crise des subprimes elle-même, ce sont les décisions économiques et politiques qui ont suivi qui en disent long sur les vrais détenteurs du pouvoir. Notre salut, nous le devons à nos banquiers centraux. Ces derniers sont devenus des demi-dieux, à l'image d'Alan Greenspan qui, dans les années 1990, faisait s'illuminer sous mes yeux les visages de tous les financiers à la ronde. On aurait dit des adeptes subjugués par leur gourou. Et de fait, sous sa présidence fédérale la bourse montait, montait… jusqu'à l'éclatement de la bulle Internet.

La crise suivante, celle de 2008, n'a pu être dépassée que grâce à l'intervention de la Fed[2] qui, tel un *deus ex machina*, a rétabli la liquidité monétaire

1. Joseph Stiglitz, *Le triomphe de la cupidité,* Actes Sud, 2010.
2. Diminutif de la Réserve fédérale américaine, qui est la banque centrale des États-Unis.

en renflouant les banques et en se portant acquéreuse de leurs dettes avariées. C'est son président, Ben Bernanke, qui mit en œuvre ces rachats, ce qui lui valut le surnom d'« Helicopter Ben » tant il arrosait d'argent le secteur financier. Mario Draghi, le patron de la Banque centrale européenne et ancien cadre dirigeant de Goldman Sachs, allait en faire de même quelques mois plus tard.

La crise des subprimes était une occasion à saisir pour assainir le secteur financier tant les banques et les grandes institutions de réassurance avaient démontré par leur avidité aveugle leur dangerosité. Elles étaient à genoux. Mais au lieu d'en profiter, nos dirigeants ont cherché réponses et refuge précisément chez ceux d'où provenait le problème, au premier rang desquels les grands manitous des banques centrales. On se souvient des paroles des politiciens sur la finance folle qu'il fallait désormais museler, sur ces paradis fiscaux qui minaient nos finances publiques et notre démocratie. On allait voir ce qu'on allait voir ! Rien ne fut fait ou presque. Personne ne fut emprisonné mis à part Madoff ou Kerviel, respectivement escroc et victime expiatoire d'un aveuglement bien plus large. Le capitalisme abattit plutôt sa condamnation sur le peuple qui, en dernier ressort, allait devoir quitter la maison hypothéquée, payer les pots cassés à travers des hausses d'impôts ou des réductions de services publics et, *in fine*, travailler plus pour vivre moins bien. La peur viscérale d'une faillite générale liée au « *Too big to fail*[1] » a ainsi entraîné un redoutable effet boomerang : le secteur financier renfloué s'est encore plus concentré et la richesse s'est encore plus polarisée dans ses mains. Mettant à profit la crise et les vagues de licenciement qui ont suivi, les actionnaires ont obtenu une belle augmentation de productivité sans hausse des salaires. Couplé aux gains de productivité liés aux innovations technologiques, cela a entraîné une hausse historique de leurs dividendes et les bourses américaines se sont envolées.

En laissant le monopole de l'argent, et du pouvoir qui va avec, à ceux dont la chrématistique est la raison d'être, nous avons laissé les clés de la cuisine aux boulimiques. Pas étonnant si l'on finit par s'en mordre les doigts.

Ombre et lumière, il faut choisir à qui on laisse le pouvoir sur l'argent.

1. « Trop gros pour tomber ».

Mame

Quand on s'intéresse à la finance, à la macro-économie et à ses lois supposées, on peut se demander si l'on n'est pas à des kilomètres de la vérité humaine. Y a-t-il un sens à chercher dans l'abstraction des nombres une solution à la complexité du monde ?

La grande faiblesse des chiffres, c'est qu'ils sont incapables de rendre compte de l'humain. Aucun schéma économique, financier ou statistique n'est jamais parvenu à modéliser l'homme, ses valeurs changeantes, ses confrontations et ses médiations, ses dérives imprévisibles et toutes ses contradictions.

La performance chiffrée s'accommode *in fine* assez mal de l'humain. Elle le perçoit comme un moyen. Et ses faiblesses, ses atermoiements, sont une épine dans le pied du financier. Si l'on pouvait se passer de tous ces affects ingérables, tout irait mieux. Les machines, les ordinateurs, les algorithmes et l'intelligence artificielle sont à ce titre porteurs de grands espoirs pour le monde financier.

Le métier d'enseignant vous rappelle au contraire l'importance primordiale de l'affect et de l'humain. Même l'enseignement des maths passe par l'affect. Enseigner, c'est savoir intéresser et transmettre bien sûr, mais c'est aussi savoir séduire, donner confiance et envie. Combien d'enfants ont été dégoûtés d'une matière par la faute d'un professeur qui ne faisait aucun cas de leurs freins personnels.

J'ai eu pour élève à mes débuts dans l'enseignement une jeune fille d'origine sénégalaise, au physique imposant et d'une grande intelligence. Une personnalité. Mame vivait dans une famille structurée et aimante. Elle avait de l'aplomb dans ses relations aux autres, mais elle manquait singulièrement de confiance dans ses capacités. C'était une élève sérieuse qui obtenait de bons résultats mais sans plus. J'avais décelé chez elle ce fameux potentiel que tous les enseignants cherchent à révéler. Fait décisif : elle s'intéressait à tout et aimait apprendre. Mais toutes ces promesses semblaient enfouies derrière une forme de dévalorisation d'elle-même. Est-ce parce qu'elle était noir d'ébène qu'elle s'interdisait une réussite à la hauteur de ses talents ? Alors je l'ai bousculée. Jamais méchamment mais souvent avec vigueur. J'ai été la chercher. Je l'ai parfois poussée dans ses retranchements. Elle m'a écouté, elle a travaillé.

Je me souviens d'un matin en particulier. Je venais de rendre une évaluation de maths qu'elle avait enfin vraiment réussie. J'étais heureux de souligner devant la classe tous les progrès qu'elle avait accomplis : elle démontrait que le travail et la volonté payaient. Elle était si fière. Poussant mon avantage, tandis que nous descendions les escaliers pour rejoindre la cour à l'heure de la récréation, je l'ai prise à part en la serrant affectueusement épaule contre épaule. On mésestime le pouvoir de ces gestes simples dans l'enseignement. Ils ancrent dans le corps l'attachement tutélaire du maître pour ses élèves.

Je lui ai dit : « Mame, tu es douée. Vraiment tu peux faire de bonnes études. Tu as du caractère, ne lâche rien et continue d'y croire. Après le bac, tu sais, on peut faire une prépa pour rentrer dans les grandes écoles. Il faut que tu gardes ça en tête, que tu te renseignes et que tu fasses une bonne école, tu en es capable. Tu me promets ? » Il fallait voir ses grands yeux ouverts tandis qu'elle hochait la tête. Des yeux tout à la fois heureux, sérieux et rêveurs tandis que j'évoquais un futur qui se nimbait d'espérances.

*

Elle est venue me voir à la sortie de l'école quand elle a eu son bac avec mention bien. J'étais vraiment heureux pour elle. Elle était devenue une jeune et belle femme, avec cette intelligence toujours aussi pétillante dans les yeux. Nous avons parlé de la suite et nous avons échangé nos numéros de téléphone.

Et puis le 21 juin de l'année dernière, soir de solstice et de musique, alors que nous passions à table pour dîner, j'ai reçu un SMS. En voyant qu'il était d'elle, je suis sorti quelques instants sur la terrasse et j'ai lu :

« Bonsoir Monsieur,

La réussite continue, je suis admise à l'École normale supérieure.

Bonne soirée.

Mame. »

J'ai pris une grande bouffée d'air tant j'étais assailli par l'émotion. « Mame, tu as réussi ! » J'ai regardé le ciel en cherchant dans l'azur un écho à ma joie. Au loin la fête de la musique semblait célébrer son succès. Mes yeux se mouillaient, je sentais mon cœur battre. À nouveau ce sentiment de sens et d'appartenance. L'impression d'un privilège.

C'est fou comme la seule évocation de ce souvenir relègue les questions que je me pose dans ce livre au second plan. Ah, cet humain que les chiffres ne voient pas, ne calculent pas !

Les traîtres

Même si mes études et mon parcours professionnel m'ont particulièrement habitué à la compétition, j'ai réalisé au fil de ma pratique d'instituteur que la coopération et l'entraide sont bien plus productives. C'est notamment le cas dans les classes multiniveaux où les plus grands aident les plus petits. Quand on leur apprend à ne plus seulement jouer les uns contre les autres, qu'on les incite à sortir de la comparaison permanente, quand on leur demande de prêter attention à leur voisin, alors des horizons nouveaux s'ouvrent aux élèves. Nous travaillons souvent en groupe et je leur demande de s'aider les uns les autres, même pendant les contrôles. C'est bon pour les plus forts, qui apprennent à verbaliser leurs connaissances, et c'est bénéfique pour ceux qui sont aidés avec des mots qui leur sont plus accessibles. L'économie de la connaissance ne fonctionne pas comme l'économie financière : contrairement à un billet de 10 euros, on ne perd rien à « donner » une connaissance, on peut même s'enrichir de l'échange intellectuel qui naîtra de cette transmission.

Pour tous ces enfants d'origines culturelles différentes, ce mode de fonctionnement met en valeur la diversité des points de vue. La coopération rassure. Elle favorise la communication sincère, l'effort commun, la résolution pacifique des problèmes, l'altruisme et la bienveillance. Comme le rappelle Darwin, les espèces qui survivent le mieux à l'adversité ou à des conditions difficiles sont précisément celles qui s'entraident. C'est d'ailleurs le maître mot des jeux d'équipe : on est plus fort ensemble. Se serrer les coudes permet de faire face aux pires situations. Seul, on est peu de chose.

Mais la grande faiblesse de la coopération, c'est le maintien dans la durée. Les systèmes coopératifs marchent très bien tant que personne ne trahit le pacte. Or, il suffit d'un seul qui tire la couverture à lui et c'est la zizanie. Tout le monde se sent légitimé à trahir les lois tenues jusqu'alors pour inviolables. C'est le fameux : « Puisque les autres le font, pourquoi pas moi ! » que l'on retrouve depuis la cour de récréation jusqu'aux conseils d'administration.

Il y a une trahison contemporaine dont on mesure mal le phénoménal impact économique et social : celle des milliers de milliards qui échappent annuellement à l'impôt de par le monde depuis que la technologie et la collusion des élites financières et politiques ont permis la folle expansion des paradis fiscaux. Cette éviction est au cœur des problèmes qui gangrènent les sociétés du monde. Car une grande partie de l'argent des multinationales, des très grandes fortunes, du crime, des mafias ou de la corruption, se trouve ou passe par des paradis fiscaux. Qui pour se blanchir, qui pour mener des opérations secrètes, qui pour échapper aux impôts sur les sociétés ou sur les revenus de la richesse…

Et plus les fortunes grossissent, plus les effets de cette éviction sur les finances publiques et les choix politiques deviennent massifs.

Les conséquences de cette infamie sont bien plus importantes qu'on ne veut bien le dire. Car non seulement les paradis fiscaux font perdre de l'argent *ex nihilo*, mais ils propulsent les pays du monde dans une course suicidaire au moins-disant fiscal. Dans l'espoir de garder ou d'attirer les capitaux et les sièges sociaux sur le territoire national, la plupart des États se livrent à une lutte destructrice pour chacun d'eux, mis en concurrence fiscale par les grandes entreprises et les grandes fortunes. Grâce à sa tradition redistributrice, la France échappe en partie à cette règle mais on sent le vent tourner.

Tous les pays cherchent à retenir leurs plus riches contribuables, qui usent d'un chantage implicite : si vous ne baissez pas nos impôts, nous partirons ailleurs. Les États en viennent même à distribuer des amnisties fiscales, tirant un trait sur des années, voire des décennies d'impôts non prélevés, pour obtenir la faveur d'un retour inespéré de la fortune dans le giron national.

Souvent ces paradis fiscaux font même partie de notre propre union économique, comme l'État du Delaware aux États-Unis ou comme l'Irlande et le Luxembourg en Europe. Parfois même ils sont enclavés dans notre territoire comme la Principauté de Monaco.

Mais il y a plus grave : on emprunte désormais à ceux qu'on n'impose plus ! Car ces gigantesques sommes qui échappent à l'impôt alourdissent année après année les dettes nationales, nourrissant des déficits qui doivent être financés. Constat sidérant : malgré les dettes abyssales liées à la crise du coronavirus, il n'est toujours pas question de solliciter une contribution accrue de ces exilés fiscaux. Contrairement à d'autres tragédies de l'histoire comme les deux grandes guerres, les plus riches ne sont même pas appelés à contribution, tandis que ce sont les plus pauvres qui paient au prix fort les conséquences des confinements et des couvre-feux destinés à protéger les baby-boomers, c'est-à-dire les principaux détenteurs du capital dans le monde. Et vers qui va-t-on se tourner pour trouver l'argent ? Qui seront nos prêteurs et nos sauveurs ? Ceux-là même qui se sont enrichis en ne payant plus d'impôts.

Cerise sur le gâteau, le montant sans cesse croissant de la dette est bientôt reproché au peuple, qui « vit au-dessus de ses moyens » et sert de prétexte aux créateurs fanatiques de cette dette pour imposer d'inévitables réductions de dépenses dans les services publics, ennemis jurés du libéralisme dérégulé. La boucle est bouclée.

Du point de vue de l'enseignant qui rame pour rassembler 300 euros de coopérative par an, qui voit son salaire gelé depuis une éternité au nom de la réduction des déficits et qui constate le dénuement dans lequel vivent des familles entières, ces milliers de milliards qui échappent à l'impôt de par le monde prennent une couleur saumâtre, tels des marigots indignes et putrides cachés derrière les belles plages à cocotiers. Comment se fait-il que tout cela ne provoque pas plus d'indignation ? Les citoyens sont-ils seulement conscients des montants en jeu et de ce qu'ils représentent ?

*

J'ai travaillé les six derniers mois de ma carrière financière chez UBS Paris. Cela n'a pas duré longtemps. Je m'occupais de placer l'argent des clients fortunés sur des fonds de placement. Encore fallait-il que cette grande banque suisse, toute jeune sur la place de Paris, convainque de nouveaux clients de rejoindre ses rangs. C'était le rôle des commerciaux. Une ribambelle de beaux parleurs qui, pour une partie, faisaient jouer leurs carnets d'adresses, et pour l'autre, s'affairaient à lire les pages du Bodacc[1] à la recherche de clients à chasser. Car le grand jeu consistait à pister les entreprises en phase de rachat. Le propriétaire allait toucher plusieurs dizaines ou centaines de millions d'euros pour la vente de sa société, qui allaient immanquablement être « très lourdement taxés ». Heureusement notre commercial se présentait en sauveur, avec des équipes de cadors prêts à étudier le dossier pour alléger cet immonde fardeau fiscal par des moyens, évidemment, parfaitement légaux. Et de fait le roi de la piste chez UBS Paris était le spécialiste des montages juridico-fiscaux. Je me suis toujours demandé quand ce type dormait tant il était assailli de demandes.

1. Bulletin officiel des annonces civiles et commerciales, qui assure la publicité des actes enregistrés au registre du commerce et des sociétés.

C'est une triste réalité : payer moins d'impôt est devenu une obsession parmi la plupart des acteurs les plus riches de l'économie. Des armées de conseillers fiscaux travaillent pour eux dans ce sens. Mais est-ce ce qui constitue vraiment le cœur de l'entrepreneuriat ? Au cours d'une discussion animée en Suisse sur le sujet, Jean-Louis Servan-Schreiber m'avait raconté que dans sa jeunesse – les années 1960 –, quand il assistait à des dîners familiaux en présence de grands patrons d'entreprise, c'était à qui investissait et embauchait le plus. La compétition des égos se trouvait ainsi tournée vers le bien commun. Aujourd'hui c'est à qui automatise le plus et à qui paie le moins d'impôt…

Il est devenu parfaitement normal et légitime aux yeux des plus fortunés d'échapper à l'impôt qu'ils estiment presque toujours confiscatoire. Celui-ci a beau baisser en continu depuis soixante-dix ans pour les 1 % les plus riches[1] et inversement augmenter pour les 99 % restants, ce n'est jamais assez. On voit bien là combien l'argent est une drogue qui éradique petit à petit la conscience morale et même le bon sens de ses plus grands adeptes. Car ils ne perçoivent pas le moins du monde ce qu'ils

1. www.ipp.eu/wp-content/uploads/2014/07/n12-notesIPP-juillet2014.pdf

font de mal en soustrayant milliard après milliard au bien commun. Au contraire, ils vous rappellent à l'envi qu'ils rapportent déjà des sommes considérables à l'État. À la manière d'Harpagon, tout préoccupés qu'ils sont à faire croître leur fortune, ils ressentent toute diminution de leur pécule comme une atteinte à leur raison d'être, une amputation. Ils sont ce qu'ils ont.

Combien ai-je subi de déjeuners au cours desquels mon client se plaignait de toutes ces taxes écrasantes, m'assénant invariablement que la France allait couler sous les prélèvements, avant de reprendre un peu de Château Cheval Blanc[1] ?

*

Le « trou » que génère cette évasion et cette course au moins-disant fiscal pour les finances publiques est une réalité étonnamment passée sous silence dans le discours politique. On parle aujourd'hui de 60 à 100 milliards d'euros chaque année pour la France seulement. Le Parlement européen a estimé en 2013 le montant du manque à gagner pour les États membres à 1 000 milliards

1. Le château Cheval blanc est un des vins les plus cotés en France.

par an, une broutille. Prenons cette hypothèse de 1 000 milliards annuels de manque à gagner pour l'Europe, étendue sur douze ans. On aboutit précisément au montant total de la dette publique européenne aujourd'hui qui se traduit par un endettement de plus de 70 000 euros par ménage, une bagatelle. Avec la crise du Covid19 nous allons franchir un nouveau palier.

Année après année, ces montants soustraits à l'impôt s'accumulent sur des comptes bancaires, creusent un peu plus le trou des finances publiques, et alimentent un terrible et silencieux basculement du pouvoir dans les mains de la finance et des multinationales. Un coup d'État en sourdine, sur des années, à l'échelle planétaire.

Si l'on ajoute à la stricte évasion les baisses d'impôt consenties un peu partout en Occident, les chiffres donnent le tournis. Le cas américain est emblématique. Sous la présidence d'Eisenhower dans les années 1950, les Américains les plus fortunés acceptaient de payer 90 % d'imposition sur leur revenu pour la tranche la plus élevée[1]. Jusqu'à cette somme, l'imposition grimpait graduellement. La crise et la guerre étaient passées par là, ramenant chacun à la nécessité et aux bienfaits de la

1. Au-delà de cinq millions de dollars, à l'époque.

solidarité. À partir des années 1970, qui constituent le grand basculement financier à plus d'un titre, le niveau d'imposition maximal va baisser à 70 % sous Nixon, à 45 % sous Reagan, puis à 30 % sous Bush et enfin Trump, qui descend à 15 %. Comme s'il n'y avait pas de limite aux baisses clientélistes d'impôt, comme s'il n'y avait plus de limite à l'indécence de la richesse. Et pendant ce temps-là, les classes moyennes voient leurs salaires stagner et leur pouvoir d'achat s'étioler. Comble du stratagème, ce sont elles qui sont invariablement mises à contribution pour éponger le manque à gagner.

Que s'est-il passé pour que la richesse se désolidarise ainsi du monde ? Ce détachement du sort commun et cette désunion trouvent leur symbole le plus abouti dans les paradis fiscaux, bases secrètes des *dark pools* et de la *shadow finance*, qui telle une armée dévalant sur le monde s'empare dans l'ombre du pouvoir.

*

« Mais pourquoi ils ne sont pas en prison, maître ? C'est un peu comme s'ils volaient l'argent de tout le monde ! » Quand j'aborde la question avec mes élèves, je suis toujours étonné par leurs réponses frappées au coin du bon sens.

C'est vrai, ne faudrait-il pas revoir l'indulgence avec laquelle les évadés fiscaux sont traités ? Comment construire une société pérenne quand les mieux dotés par la fortune, ceux-là mêmes qui chaque année absorbent l'essentiel de la plus-value planétaire, s'exonèrent de leur juste contribution ?

Il faut voir la tête de mes élèves quand je leur apprends que Ronaldo a été condamné à un redressement fiscal de plusieurs dizaines de millions d'euros. De même pour Messi. Que ces idoles dont ils achètent le maillot, dont ils regardent admiratifs les prouesses et les publicités à la télévision, que leurs demi-dieux ne font pas grand cas du bien commun. Que certains ne jugent pas équitable de rendre un peu de ce qu'ils ont reçu, de payer pour les routes qu'ils empruntent avec leur belle voiture, pour les hôpitaux où sont soignés leurs enfants, pour les écoles… Qu'ils s'enrichissent chacun de sommes indues, pour ainsi dire volées à ceux-là même qui les acclament dans les stades. Silence dans les rangs.

Alors leur regard change. Alors la graine de la question fiscale et sociale germe dans leur esprit. Alors ils comprennent que l'argent peut faire faire n'importe quoi, jusqu'à corrompre les âmes et les valeurs. Du promontoire des héros, leurs idoles redescendent au rang subalterne de tricheurs.

Je ne manque pas de rappeler qu'heureusement ce n'est pas le cas de tous les joueurs. Un jour que je nommais spécifiquement l'un d'entre eux, N'Golo Kanté, artisan de la victoire de la France à la dernière coupe du monde, qui avait fait le choix de refuser l'évasion fiscale et de payer tous ses impôts en France, quelles ne furent pas ma surprise et ma fierté d'assister à une pluie d'applaudissements spontanés. Si j'avais pu la filmer, je suis sûr que cela aurait suffi au bonheur de ce grand joueur.

En dette avec l'avenir

Ancien financier, je reste sensible aux logiques d'investissement et de crédit, on ne se refait pas. Je m'interroge parfois : les élèves que je forme ont-ils une dette envers moi ?

Ou bien est-ce moi qui en ai une envers eux, non seulement pour mon salaire, mais aussi pour l'inspiration qu'ils m'apportent année après année ?

Si l'on raisonne d'un point de vue strictement comptable je suis en dette vis-à-vis de leurs parents qui paient des impôts pour le fonctionnement de l'école. De leur côté les enfants n'ont aucune dette envers moi puisque je fais mon travail. C'est cette manière d'aborder la question qui tend à prédominer aujourd'hui et qui vaut parfois aux professeurs des remarques condescendantes de la part de parents se comportant comme des payeurs donneurs d'ordre, et de leçons.

Mais ne peut-on pas préférer une tout autre lecture de cette relation élève-enseignant ? Car si l'on parle de dette, il faut pouvoir parler de la richesse de l'échange pour chacune des parties. Or cet échange qui s'opère n'est ni unilatéral, ni quantifiable ; ou alors qu'on me donne l'unité de mesure qui permet d'en soupeser la valeur humaine. Cette relation est double et la dette qui en découle aussi.

Bien sûr les enfants ont une dette envers moi au sens où ils savent ce que je donne ; ils sentent le cœur que je mets dans mon métier. Je l'exerce avec cette passion inspirée par cette phrase de Montaigne qui sert de pierre angulaire à mon enseignement : « Éduquer ce n'est pas remplir un vase, c'est allumer un feu. » Quand je les réprimande ou leur demande des efforts, ils savent que c'est pour leur bien, même si je m'énerve parfois de façon excessive. J'essaie de leur donner un cadre et, surtout pour ceux qui en manquent, une forme d'affection.

La considération dont je fais preuve à leur égard, les méthodes, les connaissances et la flamme que je leur transmets produiront des effets dans le temps qui ne sont absolument pas mesurables. Et pourtant l'avenir d'une vingtaine d'enfants est en jeu chaque année. Une goutte d'eau dense et bigarrée dans l'océan de leur vie, qui je l'espère contribuera à lui donner de belles couleurs. Par les cadeaux et les petits mots que je reçois en juin, je découvre à chaque fois combien ils sont conscients de cette « dette ». Chaque année d'anciens élèves m'attendent à la sortie comme pour témoigner d'une lointaine filiation. On parle, on fait le point, on ne sait pas toujours quoi se dire… puis on se sépare avec une pointe de nostalgie.

Pour ma part, il est difficile de dresser la liste exhaustive de tout ce que je retire de cet enseignement. La classe dans son ensemble, les personnalités qui s'y développent, les progrès ou les échecs, tout cela constitue une source d'inspiration, de motivation et de bonheur qui n'a pas de prix. Il y a tant d'échanges, tant de réactions des élèves qui nourrissent mes réflexions et ma créativité, dans mes livres, mes films. Mais c'est surtout la richesse humaine qui fait battre le cœur de ce métier, ce lien affectif qui se déploie le temps d'une année, cet attachement tutélaire qui a un nom simple : l'amour. Presque comme pour mes propres enfants. N'ai-je donc pas une très grosse dette vis-à-vis de tous mes élèves, une dette éparpillée entre chacun d'eux, au fil des générations, une dette pour ceci d'essentiel : un sens à ma vie ?

*

Dans le monde de l'argent, la notion de dette est tout autre. Une fois la somme prêtée et la dette contractée, créanciers et débiteurs sont unis les uns aux autres dans un rapport de domination. Les intérêts qui donnent un « prix » à l'argent et au temps se cumulent et grossissent le capital à rembourser au fil des années. Si dans ce temps à venir le débiteur ne parvient plus à rembourser, le créancier dispose de tout un arsenal juridique et financier pour récupérer son argent, quitte à ruiner la vie de son débiteur.

Durant la crise des subprimes des centaines de milliers d'emprunteurs inconscients, à qui on avait « donné » la chance d'accéder à la propriété, se sont retrouvés à la rue. On l'a vu aussi pendant la crise des années 1930 aux États-Unis où les banques américaines ont fait main-basse sur les terres agricoles d'une pléthore de fermiers en banqueroute ; épisode historique qui initiera le grand basculement américain vers l'agriculture extensive.

Mais alors pourquoi le débiteur se met-il dans une telle dépendance vis-à-vis de son créancier qui, s'il ne le paie pas, a le droit peu ou prou de préempter sa vie ?

Goethe décrit avec sa poétique ironie la magie d'un tel procédé pour les rois et la société quand Méphistophélès, accompagnant Faust à la cour, suggère à l'empereur en manque d'argent d'émettre des billets sous la forme de reconnaissances de dettes signées de sa main, garanties sur les richesses enfouies dans le sol de l'empire et restant à découvrir. Discutant avec son maréchal et s'apercevant que l'astuce marche à merveille, l'empereur n'en revient pas :

> Le Maréchal :
> Vous n'imaginez pas quel bien cela fait au peuple.
> Regardez notre ville, d'habitude à demi morte et moisie,
> Comme tout vit et fourmille dans le plaisir et la jouissance !
>
> L'Empereur :
> Et les gens prennent cela pour or de bon aloi ?
> L'armée, la cour s'en contentent pour toute solde ?
> J'ai beau m'en étonner, il faut que je l'admette.
>
> Le Maréchal :
> Il serait impossible de rattraper ces billets fuyants ;
> Aussi vite que l'éclair, ils ont circulé, ils se sont dispersés.
> Les comptoirs des changeurs, grands ouverts, les empilent.
> On y honore chacune de ces feuilles
> En or et en argent, avec escompte, il est vrai.

De là, on va aussitôt chez le boucher, le boulanger, l'aubergiste ;
On dirait qu'une moitié du monde ne songe qu'à festoyer,
Tandis que l'autre se pavane en habits neufs.
Le marchand coupe, le tailleur coud.
Au cri de « Vive l'empereur ! » le vin jaillit des tavernes.

La créance est une sorte de magie : elle donne au débiteur le moyen de mobiliser le futur dès à présent. Ce qu'il m'aurait fallu des années de travail et d'épargne à obtenir, je peux l'avoir aujourd'hui ! Autant source d'angoisse que d'espoir, l'avenir peut grâce à l'emprunt être convoqué au présent pour répondre à un besoin, concrétiser une idée, un rêve ou encore nourrir l'égo dévorant de certains. C'est l'aubaine ! Comment résister à une telle invitation ?

Le principe de l'endettement est semblable au contrat faustien. On sait qu'on devra payer sa dette, mais la tentation est trop grande d'obtenir maintenant l'objet de ses désirs. Dans cette dette contractée s'engage notre avenir. Si c'est dans une juste mesure et dans des proportions raisonnables, cet engagement semble valide et tenable, qui pour acquérir sa résidence principale, qui pour acheter sa voiture, qui pour financer le développement de son entreprise. Mais le prix est cher à payer quand cette dette souffle comme un Sirocco sur le bûcher des vanités et nous invite à imaginer un avenir exponentiel.

L'argent allant volontiers à l'argent, bien avant d'aider les plus pauvres à sortir de leur condition, la dette alimente l'accumulation des plus riches, la spéculation des plus cupides et *in fine* la surproduction de l'ensemble de l'économie. Marx démontre comme aucun autre comment la dette mène structurellement le capitalisme à la démesure.

C'est là une notion clé, à laquelle nous ne réfléchissons pas assez. Le principe de la dette – qui vaut pour le particulier, l'entreprise ou l'État – permet d'accélérer l'advenu du futur. Un pari sur l'avenir qui pose question. La dette est-elle magicienne ou sorcière ?

*

C'est cet enjeu que toutes nos vieilles religions, qu'on regarde aujourd'hui de haut, ont su soulever en leur temps avant de céder aux pouvoirs séculiers. Les théologiens chrétiens avaient bien compris l'enjeu philosophique : la dette, c'est l'homme qui s'empare du plus patent attribut de Dieu, le temps.

Il le préempte au présent, présupposant implicitement qu'il lui appartient. Or pour peu que l'on s'y arrête quelques instants, qu'est-ce que le temps ? Comme pour Dieu, c'est une question à laquelle il est difficile de répondre. Le temps préexiste à tout. Il est postérieur à tout, même si certains rêvent de « fin des temps ». Impalpable et insaisissable, il est la condition même de l'existence des choses. Qu'est-ce qui pourrait bien exister en dehors du temps ? Dieu ?

Et c'est ce dieu Chronos, père de Zeus lui-même, que nous entendons dompter, brusquer et accélérer en le préemptant sur la base de force calculs d'intérêts ? C'est sur son dos que nous entendons parier l'avenir ? Sommes-nous bien conscients de ce que nous faisons ?

L'endettement est un gigantesque accélérateur de particules. À peine la dette est-elle émise qu'elle presse le futur d'advenir. Il faut des bénéfices pour payer les agios ! Pas moyen de ralentir quand on a un gros prêt sur le dos. Ainsi, subrepticement, la dette subordonne l'homme, les États et les entreprises à la croissance, l'entraînant dans une vaine course contre le temps. Car tout cet argent demande toujours plus d'intérêts et de rendements, dans une accélération du rythme quasi orgasmique pour le capital. Il y a une profonde ivresse de la dette. Et nous sommes au dernier degré de l'alcoolisme monétaire.

Mais que se passerait-il si tout cet avenir acheté à crédit venait frapper à notre porte ? Que se passerait-il si l'on remontait brusquement le son de ces générations futures qui crient aujourd'hui dans le désert de demain ?

Tout cela est bien loin de l'équilibre ou de la juste mesure prônée par les anciens, Aristote en tête. L'entraînant dans une succession de crises et d'extases, comme un ange malin qui vanterait l'ivresse à son oreille, l'endettement pousse l'économie dans un état maniaco-dépressif. Tels des psychiatres, le rôle des banques centrales est de réguler ces cycles grâce à leur pharmacopée monétaire. Mais depuis leur « indépendance », bien plus que le bien commun elles servent hélas la cupidité atavique de leurs coreligionnaires financiers, comme certains psychiatres servent les intérêts de l'industrie pharmaceutique en gavant leurs patients de neuroleptiques et d'antidépresseurs.

À la fois antidote et poison, la dette rend le capitalisme bipolaire.

*

Alimentée par cette dette exponentielle, en apparaît une autre que nous contractons à un rythme tout aussi effréné auprès de la plus généreuse des créancières : la Terre. Que ce soient les espèces qui disparaissent, les matières premières que nous épuisons exponentiellement ou notre pollution tous azimuts qui étouffe sols, mers et corps, nous contractons au fil des années auprès de notre mère supérieure une dette que nous ne pourrons jamais rembourser, reflet dans le miroir du réel de notre dette financière.

Comme certains se réveillent en leur crépuscule pour découvrir que l'argent leur a volé leur vie, peut-être un jour l'humanité se réveillera en découvrant que la dette lui a volé son avenir.

Avec une lâcheté désarmante, teintée d'impuissance, les citoyens se lamentent sur le sort des générations futures. Pour moi qui suis instituteur, et même si l'indulgence pousse à reconnaître que nous avons tous nos contradictions, il est une complainte difficile à entendre : « C'est terrible, ce monde que nous allons laisser à nos enfants ! » Comment dire… Nous sommes les adultes, non ? Donc, conscients des enjeux, nous devrions prendre collectivement les décisions qui s'imposent : limiter et réguler l'endettement comme on tire sur les rênes d'un cheval trop exalté. Mais force est de constater que loin d'infléchir notre dépendance à la dette, nous l'accentuons.

Plus l'avenir et le présent se chargent de menaces, plus il faut de dettes pour maintenir en vie notre rêve idéalisé du futur.

L'argent vide le sens

Une forme de découragement me saisit chaque année quand j'aborde avec mes élèves la question de l'argent. Pour tous ou presque, il constitue le but ultime. Tous ou presque veulent être riches et célèbres. Et plus on descend l'échelle sociale plus leurs yeux brillent à l'évocation de cet Éden qu'ils peuplent d'espérances. L'argent est ce qui les sortira de leur condition. Grâce à l'argent ils seront enfin libres et surtout enfin considérés. Ils auront enfin de la valeur.

Je m'efforce de les comprendre. Ils ont bien assimilé que l'argent est devenu à maints égards le dieu de ce monde. Ils voient les stars et les guerres se succéder sur les écrans, l'enrichissement des ultra-riches, la corruption et l'enfer des pays pauvres dont, pour une partie, ils sont originaires. Ils voient bien que l'argent est la clé de tout.

Entourés de portes closes, ils rêvent de ce sésame universel : l'argent les sortira de la prison existentielle dans laquelle le tout économique les enferme.

Les footballeurs, gladiateurs modernes, sont le parangon de ce rêve. Les récréations sont l'occasion de matchs épiques et de scènes d'anthologie où l'on voit ses élèves se muer quelques instants en Mbappé, Ronaldo, Messi ou Griezmann, célébrant avec force démonstrations leur but toujours exceptionnel. Je les regarde en souriant tenter de glisser à genoux sur le ciment de la cour comme leurs idoles sur la pelouse du stade de France.

Il n'est pas facile de faire descendre l'argent de son piédestal. Et pourtant ! Savent-ils combien de familles vivant dans l'opulence courent désespérément après le bonheur ? Il ne s'agit pas de dire que l'argent rend malheureux, mais ne faut-il pas s'interroger sérieusement : à quel moment l'argent nous domine-t-il et à quel moment nous rend-il libres ?

Alors, pour contribuer à former leur jugement, je partage avec eux les réflexions des grands philosophes, les paroles des grands écrivains sur le sujet. La plus connue et la plus fructueuse pour leurs jeunes esprits est celle d'Alexandre Dumas fils : « L'argent est un bon serviteur et un mauvais maître. »

Il faut voir les débats que ces quelques mots provoquent. Ainsi l'argent peut être une chose et son contraire ? Les mieux lotis, qui connaissent le pouvoir de l'argent dans leur famille, ouvrent le bal : « Si l'on ne pense qu'à l'argent, alors on en devient l'esclave ! » Une année, l'un d'eux avait pris la parole. C'était un des élèves les mieux habillés au sens des enfants, c'est-à-dire avec les marques les plus en vue et les plus chères. Il faut bien que l'argent qu'on gagne serve à quelque chose… D'une voix éteinte il nous avait confié : « Mon père je ne le vois jamais. Il voyage tout le temps pour son travail. Quand il rentre il a toujours des cadeaux mais après il est toujours occupé sur son portable. Je crois qu'il gagne beaucoup d'argent mais je ne le vois jamais, seulement pendant les vacances. » Cet élève perturbé et perturbateur venait de nous avouer le manque qui l'agitait intérieurement, sa peine cachée : l'argent lui volait son père.

Cette anecdote fait écho à une discussion que j'ai eue en 1999 avec un de mes clients, au restaurant La Pérouse à Paris où il m'invitait régulièrement à déjeuner. Nos rapports avaient dépassé le seul intérêt professionnel. Il gérait son portefeuille d'actions assez sainement, sans spéculation outrancière, concentrant ses investissements sur les valeurs industrielles à ses yeux sous-évaluées. Nos déjeuners faisaient partie des rares dans mon métier où nous parlions peu de placements. J'étais devenu une forme de confident et de disciple. Capitaine d'industrie, du haut de ses 60 ans, il exerçait sur moi la fascination d'un mentor. Il faisait beau ce jour-là et nous profitions sur la terrasse d'un de ces moments suspendus qui font le charme de l'existence. De belles passantes ondulantes dans leurs robes de printemps égayaient notre regard et la caresse du soleil mettait un point d'exclamation au bonheur de vivre. Nous partagions un repas délicat arrosé d'un blanc à tomber par terre. Pour la première fois il me parlait de sa famille. Il venait d'avoir une discussion qui l'avait marqué avec sa fille. Il revenait d'un séjour à Venise qu'il avait offert aux siens pour ses trente ans de mariage. Dans les rues pastel de la Sérénissime, il avait parlé avec sa cadette qui, me dit-il en se redressant sur son siège, venait d'intégrer l'école Centrale. Ils avaient laissé la troupe familiale filer loin devant, et dans l'écrin médiéval qui fait miroiter l'eau de splendeur, sa fille lui avait confié sa peine profonde : oui, il avait été un bon père qui s'était toujours préoccupé de leur bien-être et de leur réussite ; oui elle l'avait toujours aimé et s'était sentie aimée ; mais la vérité, c'est qu'elle ne le connaissait pas. Elle ne le voyait jamais, sauf un peu le week-end. Elle aurait tellement aimé être plus souvent près de lui. Or ces moments perdus, tous les millions qu'il avait gagnés ne pourraient jamais les racheter.

Cette discussion l'avait abasourdi. Comme si d'un seul coup sa vie avait perdu de son sens. C'est le genre d'aveu qu'il n'est pas facile de se faire à soi-même.

Venant d'une famille bourgeoise et ayant passé trois ans au sein du lycée Louis-le-Grand à Paris, à côtoyer des jeunes issus de milieux favorisés, j'ai fait cent fois ce constat. Souvent, dans les familles où les parents « réussissent » financièrement, un mal insidieux risque d'œuvrer en sourdine : le manque d'amour simple. Ce manque de câlins, de rires et de partages, ce manque de temps gratuit passé aux côtés des enfants, en vient à être compensé par une sacralisation de la réussite. Et les enfants peuvent être amenés à penser que si papa passe autant de temps au boulot, c'est parce que c'est la valeur numéro un en ce bas monde.

Alors à travers leurs résultats scolaires ou quelque exploit sportif, ils cherchent à capter l'attention de leurs parents, à obtenir leur amour et leur tendresse. Et de fait, les parents semblent alors comblés… Mais l'absence reste au cœur, même si le travail et la réussite, telles de pénitentes Danaïdes, tentent de combler un vide qui au fil du temps s'agrandit. J'ai été pris dans ce piège enfant : je pleurais à la moindre mauvaise note, de peur de décevoir mes parents. Plus tard, et je suis moi-même tombé dans le panneau, on brandit son haut salaire à son père comme une démonstration de sa valeur, comme une preuve que l'on vaut bien tous les espoirs que l'on a placés en vous, qu'on est digne de son amour.

« L'argent ne fait pas le bonheur ! » ne manque jamais de rappeler un élève lors de nos débats. Je ne manque jamais non plus de compléter le proverbe par le fameux : « … mais il y contribue ! ». Les élèves admettent bien volontiers que le manque d'argent est une servitude qui aliène liberté et bonheur. Pour un certain nombre d'entre eux c'est une réalité quotidienne.

Rebondissant sur la citation de Dumas, une élève avait un matin souligné que l'argent est un maître à la fois pour ceux qui sont tout en bas mais aussi pour ceux qui sont tout en haut de l'échelle sociale. Un même esclavage unit le miséreux et l'hyper-riche : le premier ne pense qu'à l'argent pour subsister, le second pour exister.

Quand quelques semaines plus tard nous discutons de la théorie d'Aristote que je résume par cette citation tronquée : « Tout homme averti recherche le juste milieu entre deux extrémités fâcheuses, l'une par excès, l'autre par défaut[1] », ils font vite le lien. À partir de cette notion, ils s'interrogent sur la juste place qu'il faut donner à l'argent dans sa vie.

Petit à petit les enfants commencent à réaliser que quand l'argent prend trop de place, il n'en laisse plus pour le reste. Ils devinent que l'argent peut faire le vide autour de lui à l'image d'une force d'attraction irrésistible qui entraînerait tout dans son trou noir. Il le compare souvent à une drogue. Cette addiction à l'argent, ils la devinent parfaitement. L'addiction conduit à quelque chose de préjudiciable à long terme mais qui fait apparaître les choses sous un meilleur jour à court terme. Ils réalisent que l'argent peut être dommageable car ses innombrables bénéfices immédiats se paient de la plus rare des ressources pour l'homme : le temps. Il donne tellement de pouvoir à son possesseur qu'il

1. « Ainsi tout homme averti fuit l'excès et le défaut, recherche la bonne moyenne et lui donne la préférence, moyenne établie non relativement à l'objet, mais par rapport à nous. [...]

La vertu est donc une disposition acquise volontaire, consistant par rapport à nous, dans la mesure, définie par la raison conformément à la conduite d'un homme réfléchi. Elle tient la juste moyenne entre deux extrémités fâcheuses, l'une par excès, l'autre par défaut. » Aristote, *Éthique à Nicomaque, II*, chap. VI, 1106 b - 35. Trad. J. Voilquin, Garnier-Flammarion, 1965.

corrompt ses valeurs humaines et sa représentation temporelle de mortel. Difficile de ne pas se laisser entraîner dans la démesure quand l'argent vous soulève.

*

La dette financière du monde dépassait déjà en 2018 les 200 billions de dollars (un 2 suivi de 14 zéros), soit plus de trois fois le PIB mondial et près de 30 000 dollars de dette pour chaque habitant de la planète. Avec la crise du coronavirus la facture va encore considérablement s'alourdir. La dette est au cœur de notre angoisse civilisationnelle. C'est elle qui au premier chef nous pousse à accélérer davantage pour trouver dans les avancées technologiques une issue à son pari insensé sur l'avenir.

Quand on considère l'inflation de la dette mondiale ces dernières décennies, on comprend qu'il y a quelque chose de mécanique, de mathématique dans cette sensation d'envahissement de nos vies par l'argent. L'argent recouvre le monde. Tout est argent et matière à faire de l'argent. Tout se jauge à cet aune. Plus rien n'échappe à l'étau du retour sur investissement.

Au bout de ce chemin d'additions et de multiplications, l'argent avale finalement le sens même de l'existence. À travers sa profusion, il vide le monde comme s'il en absorbait la substance. Chacun sent bien que l'écheveau du système économique et financier ne tient pas la route. Chacun sait au fond de lui-même que la démesure de l'argent discorde avec l'équilibre et l'harmonie du monde. Pourtant cette contradiction profonde, cette intuition résumée par les conclusions du Club de Rome[1], nous l'admettons sans y croire. Comme si une pulsion de mort et un défi à la vie nous entêtaient dans la dette et la croissance, de peur sans doute de devoir nous confronter à l'insupportable manque. Le manque, inlassablement attaché à l'argent, comme le boulet au bagnard.

*

Ce manque qui vide le sens, je l'ai perçu cent fois quand j'étais dans la finance. Ce qu'il y a de terrible dans la vie d'un financier, c'est la place délirante que son métier l'amène à donner à l'argent. Le monde de la finance peut vous enfermer dans une réalité parallèle où seul l'argent existe. Si vous n'avez pas d'argent, littéralement, vous n'êtes rien. N'entre dans le radar du financier que ce que l'argent a

1. « Il ne peut y avoir de croissance infinie dans un monde fini. »

sanctifié. Et comme l'argent est un nombre qui peut toujours grossir, il n'y en a jamais assez. Je me souviens dans la salle de marchés d'un vendeur action qui passait son temps à regarder la valorisation de ses portefeuilles et de son P&L[1]. Toutes les cinq minutes, invariablement, il y revenait. Une véritable obsession qui me chuchotait plusieurs fois par heure combien l'argent peut envahir la vie.

A posteriori, en me remémorant son cas, je ne peux m'empêcher de faire le lien avec cette phrase syncrétique d'un de mes anciens élèves, Gabin : « C'est comme si l'argent il leur mangeait le cerveau. Et ils ne pensent plus que argent, argent, argent… »

*

J'éprouve aussi parfois une sensation de vertige face au vide culturel et spirituel lors de nos discussions en classe. Le matérialisme dans lequel baignent nos enfants est phénoménal. Marques et publicités dominent leur horizon culturel, masquant à leurs yeux l'art, la poésie, la nature et parfois

1. P&L : compte de profits et pertes, en anglais « *profit and loss* ». C'est le bilan de ce que vous avez gagné sur l'ensemble de vos transactions dans la journée et sur le mois, à partir duquel sera calculée votre prime de fin d'année selon un certain pourcentage.

même l'amour. J'en ai pourtant été témoin avec notre opéra-ballet en 2015 : lorsqu'on leur donne accès à la « culture », qu'on les invite à s'en inspirer et qu'on exige d'eux un engagement à la hauteur de la beauté qu'ils côtoient, les enfants grandissent et s'épanouissent comme des fleurs trop longtemps sevrées d'eau.

La musique a sans doute ce pouvoir de parler par-delà les langages, les affects, les intellects. Ainsi la chanson échappe encore à l'écrasement du spirituel par le matériel. Une semaine sur deux, je leur fais écouter une chanson du répertoire français. Ils adorent. Trenet, Gainsbourg, Ferré, Brel, IAM, Piaf, Fugain, Reggiani, MC Solaar, Dassin, Brassens, tout y passe.

Un de ces moments magiques, c'est quand je leur fais découvrir « Foule sentimentale » d'Alain Souchon. Il y aurait long à dire sur le pouvoir de la musique et de la chanson pour rencontrer les aspirations spirituelles et affectives des enfants, pour les atteindre. Art majeur, qui nous sollicite aux portes de l'âme, la musique nous touche et nous emporte ailleurs. Je leur explique que cette chanson a été un véritable tube en France à sa sortie, que c'est une des chansons préférées des Français. Et en leur faisant écouter je les invite à se demander pourquoi. Leurs réactions sont éloquentes et disent au plus simple combien le bonheur se noue dans l'immatériel.

Ils adorent la chanter et la demandent parfois au milieu de la matinée comme un entracte musical, un moment pour penser la réalité autrement, pour un instant la rêver. Et quand nous la chantons tous en chœur devant les autres élèves de l'école pour le récital de fin d'année, c'est un peu comme si un ange passait dans la cour. Je sens alors, une fois encore, pourquoi je fais ce métier et ce que je suis venu y chercher.

D'ailleurs, certains élèves – en général les plus « défavorisés » – m'interrogent sur mon choix de vie. Ils ne comprennent pas que je puisse avoir abandonné une carrière qui m'assurait la richesse pour un métier si peu valorisé socialement. Je tente de leur démontrer au fil de l'année qu'il y a d'autres gratifications que l'argent dans la vie et que nombre d'entre elles sont désintéressées et gratuites : la nature, l'amour, la réflexion spirituelle et philosophique, l'amitié, la beauté, la musique. Que plus on consacre son temps à gagner de l'argent avec son cortège de passions tristes, moins on en laisse pour ces passions positives et gratuites.

Mais leur quotidien est à ce point rempli de questions matérielles que j'ai parfois l'impression que mes paroles se perdent dans l'incessante confrontation avec le consumérisme. La société est tellement matérialiste, tellement utilitariste, que penser les grandes questions de l'existence relève d'une certaine façon de la perte de temps.

Quand en début d'année je leur propose la citation philosophique du lundi, ils sont décontenancés. « Ce n'est pas parce que les choses sont difficiles qu'on n'ose pas, c'est parce que l'on n'ose pas qu'elles sont difficiles. » Cette citation de Sénèque, que j'ai pris l'habitude de leur offrir à la rentrée, les laisse perplexes. Ils ne savent pas vraiment quoi en penser. Mais petit à petit, au fil des citations des grands maîtres, ils apprennent à réfléchir. Ils découvrent que le langage est le plus bel instrument de la réflexion, une harpe à vingt-sept cordes qui rejouent le monde en harmonieuses ou disruptives compositions, selon l'intention de l'artiste. Au fil des citations et des débats qui les accompagnent, ils réalisent le pouvoir des mots quand ils disent le monde et les hommes. Ils découvrent qu'il y a un champ de liberté inaltérable, un monde intérieur dont la richesse ne peut être préemptée, qui se nourrit de lectures et d'échanges et se construit dans une généreuse accumulation tout au long de la vie : penser.

À partir de ce moment-là se joue une aventure fabuleuse, une dialectique magique dans laquelle les enfants vous font réfléchir. Ce que je préfère dans mon métier, ce sont ces moments d'échange sur telle ou telle question philosophique, métaphysique ou sociale qui émerge lors d'un cours ou à la suite d'une actualité. Plus les élèves apprennent à réfléchir et à parler, plus leur esprit et leur jugement s'aiguisent, plus ils vous apprennent à leur tour, vous renvoyant l'image du monde avec la lucidité d'un miroir sans tain.

Salauds de riches, saleté de pauvres

C'est un écueil sur lequel l'esprit français bute depuis belle lurette, une inclinaison culturelle à laquelle nous cédons volontiers, moi le premier : nous en voulons aux riches – ou aux ultra-riches – d'être riches. Par une transposition discutable de notre héritage historique, nous estimons que la richesse est suspecte, injuste et synonyme de privilèges indus. À mesure que le dogme néolibéral creuse les inégalités, les déficits et notre tombe écologique, nous faisons des riches les grands responsables de nos maux, nos nouveaux boucs-émissaires. Nous les pensons vainqueurs de ce monde, organisateurs cyniques de notre désastre environnemental et sociétal. Nous avons partiellement raison, dans la mesure où ils incarnent le paroxysme du système que nous avons construit. Mais ils sont un peu seuls sur la scène à porter le poids de nos fautes collectives.

Trop souvent nous accusons les riches d'une avidité que nous partageons sans nous l'avouer. Nous rêvons au fond d'être à leur place. Et c'est là véritablement que le bât blesse. Les pauvres idéalisent la richesse en même temps qu'ils la diabolisent, comme on exorcise l'inassouvi.

J'ai conseillé des gens richissimes. Ce n'étaient pas des gansters, loin de là. Tous s'adaptaient au système qui fait de l'argent LE synonyme de la réussite. La plupart étaient esclaves de ce mensonge. C'étaient tous de bons chevaux, dressés pour la compétition, qui avaient logiquement pris la tête de la course – parfois aussi c'étaient des canassons outsiders tout fous de caracoler en tête.

Si l'on admet que la quête perpétuelle d'argent vide l'existence de son sens, devons-nous envier ceux dont l'aliénation est devenue totale, ceux qui consacrent leur vie à en gagner, faisant fi de l'absurdité de leur quête ?

*

Je m'attache bien à le faire comprendre à mes élèves chaque année. Les riches ne sont pas tous des salauds cupides, loin de là. L'argent est utile et vouloir en gagner c'est faire preuve de pragmatisme dans une société qui le sanctifie. Doit-on accuser tel sportif, tel grand patron ou telle célébrité d'être récompensés pour leur talent et leur réussite, de gagner des sommes folles quand le système le leur permet ? N'en ferions-nous pas autant à leur place ? Refuserions-nous l'argent qui s'offre à nous et qui dans sa pléthore nous permettrait de matérialiser tous nos désirs, d'aider nos amis ou de soutenir des causes qui nous sont chères ? Nous indignons-nous quand un bienheureux touche une loterie de plusieurs dizaines de millions d'euros, lui qui n'a même pas travaillé pour l'obtenir ? N'est-ce pas plutôt la démesure des sommes que le système attribue aux « gagnants » qui pose problème ?

Hélas, l'argent est devenu une telle valeur dominante qu'il donne à ses grands possesseurs l'impression de dominer les autres. Certains de mes clients, parvenus au pinacle au prix d'un dur labeur, se montraient intraitables envers les pauvres et les chômeurs. À la table d'un restaurant huppé, l'un d'eux, Monsieur H., m'avait mis plusieurs fois mal à l'aise à travers une remarque désagréable ou quelque exigence saugrenue à l'attention des serveurs. Sanguin et râblé, il semblait leur faire peur. Il considérait en somme que son argent lui donnait des prérogatives, dont il pouvait user et abuser.

C'était pour moi un pensum que je subissais sans oser rien dire. Pourquoi me conviait-il toujours dans ce même restaurant si c'était pour se plaindre du service ? J'avais fini par éviter poliment ses invitations, préférant le rencontrer dans les salons privés de la banque. La porte fermée, il reprenait ses lamentations. Trop d'impôt. Trop de charges. Par un fascinant retournement sémantique, les pauvres se retrouvaient à ses yeux catégorisés profiteurs du système. Son acrimonie et sa véhémence me paraissaient témoigner d'une lutte contre lui-même. Ah si les pauvres avaient pu disparaître de son champ de vision ! C'est d'ailleurs ce qu'il recherchait en se réfugiant dans les palaces ou dans sa villa sur la Côte d'Azur, là où ne s'offraient plus à son regard qu'ordre et beauté ; luxe, calme et sécurité.

*

Les gens riches ne comprennent pas l'opprobre dont ils sont victimes. Qu'ont-ils fait ? Ils étaient doués ou avaient de bonnes idées, ils ont fait le plus souvent des études et ils ont travaillé dur pour mener à bien leurs projets. Ils font travailler les autres… Ils estiment que si leur boulot – fût-il de spéculer sur les marchés financiers – leur rapporte beaucoup d'argent, c'est qu'il a une plus grande valeur que celui des autres. L'argent démontre pour ainsi dire en soi leur supériorité.

J'ai bien connu ce sentiment. Quand je travaillais dans la finance au milieu de mes congénères tirés à quatre épingles dans des costumes qui brillaient autant que leurs chaussures, dont la cravate, la montre et tous ces petits détails racontaient la bonne fortune, j'avais la nette impression d'appartenir à une caste de maîtres. Biberonnés dès l'aube aux pages saumonées du *Figaro*, des *Échos* ou du *Financial Times*, nous analysions les vicissitudes de l'économie mondiale et des entreprises cotées, à une heure où la plupart n'étaient pas encore levés. C'étaient des discussions souvent passionnantes. Et l'argent que nous tirions de nos conclusions à travers de judicieux placements pour nos clients matérialisait la primauté de nos grands esprits. Dans l'avion pour Madrid où je me rendais chaque mois, confortablement assis en classe affaires, je regardais par le hublot la capitale s'éloigner comme on contemple le monde à ses pieds.

Après que le destin et la mort eurent sonné à ma porte, devenu professeur des écoles, j'ai réalisé toute la valeur du travail de certains enseignants mus par tout autre chose que cette course à l'argent. La supériorité morale de ces charbonniers de l'éducation m'apparaît aujourd'hui avec l'éclat du diamant. Les quinze ans que j'ai vécus dans notre école du XIXe arrondissement, à mi-chemin entre les beaux appartements longeant les Buttes-Chaumont et les cités décharnées de Pantin, ont fait éclater ma vision du monde, de l'argent, des riches et des pauvres.

Même si les marques et les logos sont là pour désigner les vainqueurs, même si la richesse célèbre constitue un horizon inégalé pour les enfants pauvres, même s'il est souvent synonyme d'inégalité dans l'accès au savoir et dans la réussite scolaire, en entrant dans la classe, l'argent reste accroché sur le palier comme le paletot à sa patère. Dans l'école républicaine, c'est l'esprit et le travail qui règnent en maître, et l'argent ne fait rien à l'affaire. Langage et persévérance font plus que pépètes et poudre aux yeux. C'est là la grande force de cette institution. L'éducation est un monde où l'argent n'a pas cours. Rien ne se monnaie dans la classe. Dans l'ombre des Hussards noirs de Péguy[1], l'école place le savoir bien au-dessus de la richesse. J'ai vécu cela au lycée Louis-le-Grand, où quelques bûcheurs issus des classes pauvres ou moyennes clouaient le bec aux rutilants minets par leurs brillantes démonstrations mathématiques.

1. Charles Péguy, *L'argent*, Gallimard, 1932.

Ce n'est qu'en discutant incidemment avec les enfants, avec leurs parents ou avec l'assistante sociale que l'on découvre l'étendue de la misère de certains. Quand j'apprends de la bouche des mieux lotis qu'ils partiront pour Noël en Égypte ou au Cambodge quand d'autres resteront enclavés deux semaines durant dans les murs de leur cité, d'un foyer ou encore de la chambre d'hôtel qu'on met à leur disposition en attendant un logement, cela me fait réfléchir.

Bien que banni de l'école et de l'esprit de jeu des enfants, l'argent porte son ombre derrière les échecs et les succès scolaires, inexpugnable toile de fond des destinées en construction.

*

Durant mes premières années d'enseignement, du fait de mon passé luxueusement déconnecté, j'ai souvent pris en pleine figure des situations dont je n'avais pas même soupçonné l'existence. Une histoire me revient en boomerang : j'étais dans le XIXe depuis pourtant cinq ans mais je n'ai rien vu venir. J'avais donné rendez-vous à la mère d'Abdoulaye pour parler de son fils, de son comportement perturbé et perturbateur comme de ses médiocres résultats scolaires. J'étais remonté, d'autant plus que j'aimais bien cet enfant rieur, toujours dans les mauvais coups mais pas bien méchant. Il était souvent dans un état de fatigue manifeste. Je le savais sous la coupe de ses grands frères, fortes têtes tout sauf travailleurs, et sans encore la connaître je jugeais sa mère défaillante. J'allais la remettre dans le droit chemin et son fils avec. Elle est entrée dans la classe timidement, avec respect. C'est une belle femme mauritanienne, grande et longiligne comme son fils. Son boubou bigarré mettait en valeur ses traits fins et sa peau caramel. Dans la nuit de son visage deux yeux lunes cernés de fatigue s'ouvraient péniblement sous le far de ses longs cils, éclairant alentour d'une tendresse triste et sensuelle.

Plus elle me confiait son histoire, ses déboires sociaux, économiques et maritaux, plus naissait en moi la certitude que cette femme était victime de sa beauté. Elle avait eu quatre garçons, avec deux hommes différents, qui s'étaient tous deux fait la malle. Abdoulaye était le troisième. Au bout de quelques minutes d'entretien, elle m'apprit qu'elle attendait un cinquième enfant d'un nouvel homme qui – surprise – ne partagerait pas son petit appartement de 45 mètres carrés dans la cité du quartier. J'étais abasourdi. Était-ce une bonne idée de faire un cinquième enfant quand elle n'avait manifestement pas les moyens matériels d'en éduquer quatre ? À quatre dans un tel espace, où Abdoulaye pouvait-il trouver la tranquillité nécessaire pour travailler ? Alors à cinq… Accaparée par son travail, elle n'avait jamais le temps de surveiller ni les devoirs, ni les occupations de ses quatre garçons. Ou bien elle avait renoncé. Elle pleurait. Elle restait droite et digne, tandis que ses yeux coulaient, charriant un rimmel dense et noir qui striait sa joue de haut en bas. Elle savait depuis longtemps déjà ce que je lui disais. Je lui tendis un mouchoir. J'étais désolé de devoir la mettre en face des faits et de ses responsabilités. Mais quelles responsabilités, au fond ? Avait-elle le choix ? On l'a toujours, paraît-il… Le destin semblait pourtant la poursuivre comme un nuage sombre et opiniâtre, promesse d'une éclaircie qui ne venait jamais, l'enfermant à perpétuité dans sa condition de femme immigrée, laborieuse et reproductrice. Elle attendait depuis des années la réponse des services sociaux pour obtenir un appartement plus grand à loyer modéré.

Puis elle se mit à tout déballer. Si Abdoulaye était si fatigué, c'est qu'ils habitaient au rez-de-chaussée et que le trafic de drogue se faisait la nuit dans leur couloir. Les dealers buvaient des bières devant la porte, parfois fracassaient les bouteilles contre le mur, parlaient, criaient, sans qu'elle ose se plaindre.

Il faut dire que le seul qui s'était opposé à eux l'avait payé cher. C'est Abdoulaye qui l'avait trouvé, deux ans plus tôt, près des poubelles, baignant dans son sang, poignardé à mort. Alors il avait peur. Alors il n'arrivait pas à dormir avant deux ou trois heures du matin, quand ils se décidaient enfin à partir.

Je l'ai raccompagnée gentiment à la porte comme si je transportais un vase de fine porcelaine. Une fois de plus mes certitudes avaient volé en éclats. Maintenant j'essayais plus de lui remonter le moral que de lui faire la leçon. Les semaines qui suivirent, Abdoulaye surprit sans doute plus de douceur et de compréhension dans mon regard. Je le traitais avec une mansuétude dans laquelle il s'enfonçait comme dans un lit douillet. Rassuré, ses résultats s'amélioraient un peu, mais la fatigue persistait.

*

La pauvreté ou la misère sont synonymes d'une brutalité dont les plus riches, auxquels je m'associe ici, ne peuvent absolument pas avoir conscience. Il y a une distance qui masque la violence de l'argent et il faut rentrer dans l'intimité des gens, il faudrait même vivre à leurs côtés pour comprendre cette insécurité globale quant à l'avenir, proche et lointain, cette lutte de chaque instant pour s'en sortir au quotidien.

Alors, légitimement, les pauvres rêvent d'être riches, épousant à leur tour les dogmes de leurs maîtres.

Salauds de pauvres, saleté de riches, pierre angulaire de la lutte des classes, cette opposition ne fait que nourrir la course généralisée à l'échalote qui démantèle solidarités et écosystèmes.

L'argent clive. Il y a ceux qui en ont trop et ceux qui n'en ont pas assez. Mais même si la question de la répartition des richesses doit être posée, même si l'écart entre les plus hauts et les plus bas salaires d'une entreprise doit être limité, même si la rente doit cesser de rapporter plus que le travail, c'est avant tout la valeur nodale de l'argent qu'il faut dénouer, un mythe que nous devons déconstruire, une idole à renverser. La statue du commandeur doit être déboulonnée. L'argent ne peut plus être le seul critère d'évaluation du monde.

Alors on se met à rêver d'un miraculeux changement de paradigme qui nous donnerait plus à voir dans l'être que dans l'avoir. Une prise de conscience à travers laquelle nous nous réveillerions de l'emprise hypnotique du tout argent, qui nous inviterait à redonner du sens à la coopération plutôt qu'à la compétition, à la beauté de l'œuvre plutôt qu'à l'utilité du produit, à la valeur plutôt qu'au prix, à l'amour et à la nature enfin, du charnel au spirituel.

Autopsie d'un crime

Pendant des années j'ai été celui qu'on déteste, celui qu'on conspue et en même temps qu'on envie pour son salaire. J'ai été un de ces parasites qui s'enrichit en enrichissant les déjà riches. J'ai été un des rouages de ce monstrueux moteur de la croissance mondiale qui emballe la course au profit dans un paquet cadeau frelaté, qui vous absorbe et vous rince sans trêve ni répit. J'ai fait miens les préceptes de cette gigantesque pompe à fric qui de par le monde exige une rentabilité toujours plus déconnectée du naturel.

J'ai même été banquier suisse, dans la plus grande des banques suisses, avec des succursales dans tous les paradis fiscaux et des montages financiers recelant des trésors d'imagination pour soustraire le capital à l'impôt.

J'étais un de ces agents omniscients tirant sa légitimité du mystère qui entoure la finance pour le plus grand nombre. Dévot du veau d'or, j'étais la tique vorace qui s'accroche et s'alimente sur le dos de l'hydre Marché. Je vivais pour et par lui, je me couchais et me levais avec lui et je ne traitais plus que d'argent. Je me souviens qu'une nuit au plus fort de la bulle Internet je m'étais redressé en sursaut dans le lit, criant dans un semi-extase sous les yeux médusés de ma compagne d'alors : « Oh elle est belle sur le Nasdaq ! »

Maître du monde, j'ai sans doute cru l'être, certains soirs d'ivresse.

*

Aujourd'hui j'appartiens à l'un des derniers bastions de l'ancien monde, celui d'avant Internet et la mondialisation. Je suis cet homme sérieux et désuet qui prend en charge le matin votre enfant pour le mener sur le chemin du savoir et si possible de la réussite. Je suis celui que vous admirez pour son engagement et que vous plaignez pour son sacerdoce. L'argent n'est plus du tout au cœur de ma vie. À l'école on en parle peu. Les enfants le rêvent mais ils ne sont pas encore confrontés à sa domination, ils sont sauvés par leur imagination. Je vis aux antipodes de ma vie d'avant, comme on vivrait sur une île du Pacifique, retiré des affaires, et n'en voulant plus. Je ne m'en porte pas plus mal. Comme autant de couchers ou de levers de soleil, j'ai les émotions de mes élèves, ces moments où leurs yeux s'allument d'avoir compris ou bien quand les larmes surgissent dans l'intimité d'un tête-à-tête et que j'apprends la vraie raison des difficultés. J'ai du temps à partager avec mes propres enfants. Je les vois grandir en allant les chercher tous les jours à l'école. Nous parlons, nous jouons, nous nous embrassons. Je ne suis plus payé d'argent mais d'amour.

Parfois j'ai l'impression de m'être métamorphosé. Ces deux métiers et l'environnement dans lequel ils s'inscrivent sont si différents qu'ils paraissent irréconciliables. Et pourtant je suis bien la même personne. Aurais-je pu devenir instit sans passer par la case finance ? Comment en suis-je arrivé là ? Comment suis-je monté si haut puis descendu si bas financièrement aux yeux des uns, et descendu si bas puis remonté si haut dans l'estime des autres ?

Que suis-je donc allé faire dans la finance ?

*

Je ne peux prétendre écrire sur ce qui fait valeur dans nos vies au-delà de l'argent sans effectuer un minimum d'introspection pour tenter de déceler mes propres projections sur l'écran universel. Quand l'argent a-t-il fait irruption dans ma vie ? Puis-je fidèlement en retracer ma construction mentale ? Rien n'est moins sûr tant la pieuvre est tentaculaire.

Issus d'un milieu bourgeois, mes parents n'avaient pourtant ni l'un ni l'autre fait d'études. Ils portaient ce vide comme un poids, même s'ils gagnaient correctement leur vie. Ma mère travaillait dans l'édition et mon père dans la vente par correspondance. À la maison les livres alternaient avec les catalogues. Mon père écoutait Brassens, ma mère récitait de la poésie et je baignais dans un univers plus intellectuel que matériel. Je vivais une enfance heureuse et confortable, sans surplus.

Le rapport à l'argent dans ma famille était complexe. Mon arrière-grand-père avait dilapidé la fortune familiale au jeu, obligeant ma grand-mère maternelle à un mariage de raison avec mon grand-père baron. Ce dernier, trop rêveur, avait été démis de ses fonctions de directeur de la tannerie nobiliaire, mis en minorité par sa propre mère, essentiellement pour des raisons pécuniaires. À la suite de quoi il avait démissionné. Quelques années plus tard, il s'était pendu dans l'hôpital psychiatrique où il avait été placé pour dépression.

De l'autre côté, ma grand-mère paternelle vivait d'expédients avec pour seule richesse l'hôtel particulier que son mari lui avait laissé à leur divorce et dont elle louait les chambres. Elle parlait souvent de la grande vie qu'elle avait menée aux côtés de ce second mari polytechnicien et président de Pont-à-Mousson. Telle cette anecdote qu'elle nous resservait immanquablement chaque Noël quand nous en partagions dévotement un petit pot : à la table du prince iranien, on servait le caviar à la louche !

Nous ne manquions de rien. Et pourtant le souvenir d'une fortune passée accompagnait l'argent comme une brume, une forme de mélancolie à la « Maison Usher ». Prenant racine dans ces plaies lointaines, une méfiance circonspecte entourait cette chose qui avait fait tant de mal. Est-ce sur ce fond de désir, de défiance et de perte que j'ai développé ma crainte de manquer ? Derrière l'argent coule toujours, furtive, l'ombre de nos peurs. J'ai eu peur. Et encore aujourd'hui, bien que privilégié, quand je me projette sur d'hypothétiques vieux jours, je suis pris d'angoisse à l'idée de vivre une fin de vie dans la misère, de ne pouvoir payer les études de mes enfants, d'être un poids pour eux.

Cette peur je peux la sentir dans mon échine. Nous sommes en 1978. J'ai neuf ans. Je suis seul un soir d'hiver dans l'appartement que louent mes parents dans une petite rue calme du

VIe arrondissement de Paris. Il est 18 h 30 et ma mère ne rentre pas avant 19 heures. On sonne à la porte. J'ouvre avec le verrou de sécurité sur un huissier, accompagné de son clerc, tous deux vêtus du même costume austère. Ils me demandent si mes parents sont là. Ils ont dans la main un papier bleu qui, me disent-ils, les autorise à faire l'inventaire des meubles. Intimidé, je les laisse entrer. J'appelle ma mère au bureau. Elle me dit en panique qu'elle arrive et me raccroche au nez.

Depuis quelques semaines mon père ne va pas bien. Il est livide, préoccupé, intérieurement dévasté. La petite entreprise de vente par correspondance qu'il a montée trois ans auparavant avec ses indemnités de licenciement vient de faire faillite. Il y croyait pourtant, se mettre à son compte. Il avait modestement installé ses locaux dans des entrepôts d'Ivry-sur-Seine où je l'accompagnais régulièrement pour emballer les paquets ou envelopper les mailings. Le midi, je mangeais fièrement au restaurant avec lui, mon père, chef d'entreprise – j'entendais alors surtout le mot « chef ». Nous roulions en DS, comme le président. C'était l'époque de *César et Rosalie*, et Yves Montand au volant de sa belle voiture me faisait penser à mon père, tout feu tout flamme.

Et puis la crise pétrolière était passée par là. Ses produits n'avaient pas eu le succès escompté, il avait mal géré l'affaire et il se retrouvait en banqueroute, endetté jusqu'au cou.

Quand ma mère entre dans l'appartement, les huissiers sont déjà en train d'emporter les meubles. J'ai assisté à la scène seul, terrifié de les voir ouvrir les deux battants de la porte pour laisser passer le gros mobilier. Ils sont en train de descendre le seul objet de valeur qui a été donné par ma grand-mère à sa fille : une belle commode Louis XVI. Ma mère est hystérique. Elle tient dans ses mains tremblantes l'imprimé bleu qui autorise la saisie, le regarde en répétant « c'est pas possible » tandis que s'égrènent à la porte les meubles, la télévision, les objets de valeur…

Quand mon père arrive, revenu urgemment d'Ivry mais trop tard, il découvre l'appartement à moitié vide tandis que ma mère lui crie dessus qu'ils ont pris la commode, qu'ils ont pris SA commode ! Rien que d'y penser j'en ai le cœur retourné. Je lis sa honte de père déchu, sa rage qu'on ait fait subir ça à son fils, son impuissance et sa peur de ne plus pouvoir assurer l'avenir des siens. Lui qui est si droit, voir son intégrité piétinée par l'argent est à mes yeux de fils unique littéralement insupportable.

La honte de mon père… Jamais je ne vivrais ça ni ne le ferait vivre à mes enfants.

Tout, sauf ça !

*

Alors d'un seul coup mon engagement dans la finance prend sens. Il y a très souvent chez les financiers un problème nodal avec l'argent. Il faut avoir de bonnes raisons pour en faire son cœur de métier, son absolue priorité. Je me souviens d'un grand soulagement quand j'ai été embauché sur les marchés. J'allais enfin pouvoir exorciser mes démons. Et cette confrontation prenait dans mon esprit les habits de la gloire et des combats héroïques.

Golden boy !

J'ai trente ans et l'avenir est soudain prometteur. Bientôt l'appart, la voiture, le compte en banque bien rempli. Pour l'instant je ne suis rien mais j'espère beaucoup et j'entends prouver ma valeur. J'ai vu dix ans plus tôt *Wall Street* d'Oliver Stone et, loin d'en avoir décrypté la satire acide, ce film m'a fait rêver. Là où Al Pacino dans *Scarface* symbolise le truand aux yeux des dealers de banlieue, Michael Douglas alias Gordon Gekko symbolise la quintessence du pouvoir froid de la finance, celui de l'argent nu et sans fard : « *Greed is good*[1] ! » Je viens d'entrer dans le cénacle où tout devient possible, où tout devient désirable, où même l'inimaginable s'accomplit.

Pistonné par un vieil ami opérant sur les marchés, après cinq ans passés dans un groupe de la Société générale en tant que responsable des petites entreprises, j'ai enfin pu entrer dans la cour des grands : Indosuez, nom mythique que ma grand-mère ne cesse de rabâcher à toutes ses amies depuis qu'elle a appris que j'intégrais la grande banque, institution légendaire de son époque. Mon salaire en a profité pour doubler et mes ambitions ont chaussé les bottes de sept lieues.

L'entretien avec le DRH d'Indosuez a été un moment d'anthologie. Il me fallait le persuader que, bien que n'ayant aucune expérience sur les marchés, j'étais passionné et que ma motivation ferait la différence. J'ai gagné la partie sur les langues. « Courant en espagnol, bilingue en anglais ? Vos parents sont français, non, comment avez-vous fait ?… » Je lui ai expliqué que j'avais passé deux ans sous les tropiques avec une belle Américaine. Pour l'espagnol, plus que mon MBA à Madrid, c'est dans les bras d'une jeune Castillane que j'avais

1. La cupidité est bonne !

appris l'essentiel. « C'est sûr qu'il n'y a pas de meilleur moyen d'apprendre la langue ! » On a ri de son bon mot et l'affaire était dans le sac. J'avais montré que j'étais un homme, un vrai, qui savait jouir de la vie et des femmes, un point clé pour le tombeur que j'avais en face de moi et que je n'allais pas tarder à découvrir.

Il ne me restait plus qu'à convaincre ma future collègue. Elle m'a donné rendez-vous au Vaudeville, une superbe brasserie Art déco qui fait face à la Bourse. Nous nous sommes installés en terrasse, elle a pris un petit blanc sous le soleil de printemps, j'en ai fait autant, puis nous nous sommes raconté notre parcours, nos passions. Elle venait d'être virée suite au rachat de sa société de courtage BT Alex Brown, avec un beau chèque de remerciement. Elle avait de la classe et une énergie tangible. Indosuez l'avait engagée pour monter une équipe de trading destinée à enrichir ses clients particuliers en faisant des achats et des ventes d'actions, les plus rapides possible, histoire de dégager un maximum de plus-values et de commissions. Le courant est passé très vite car nous sommes tous les deux d'une nature enthousiaste. Au deuxième sancerre, nous étions déjà galvanisés, version « on va s'éclater et on va faire péter la baraque ! ».

En face, le palais Brognard saluait nos ambitions dans le rouge couchant. Il se dressait devant moi pareil à une oasis de promesses, une forteresse à prendre, la dernière opportunité à saisir. La fin de la peur de manquer.

*

Dans la salle des maîtres il y a un drame ce matin. Maïna, une enfant du foyer, a encore fait des siennes. Après être montée sur sa table en criant à sa maîtresse « Ta gueule ! J'm'en fous, j'm'en fous ! », elle l'a mordue alors qu'elle essayait de la faire descendre. Karine est prostrée dans un coin, les yeux rouges d'impuissance. Elle rumine son malheur à qui veut bien l'entendre. Nous l'écoutons ressasser la scène : elle n'a rien pu faire ! Une maîtresse un peu coquette s'inquiète : pourvu que ça ne s'infecte pas… Nous sommes préoccupés et cherchons à l'aider. Nous vivons tous ce genre de situations au fil de notre carrière. Alors la salle des maîtres devient le théâtre d'une thérapie de groupe où chacun se remémore les cas psychologiques ou sociaux qui ont émaillé les années passées et comment on a fait pour les gérer, comment on a même souvent réussi à améliorer les choses. Puis la sonnerie retentit dans la cour et la salle se vide, mettant à nu son minimalisme. Juste le strict nécessaire : les casiers des enseignants, une cafetière, une bouilloire, un frigo, une photocopieuse, un massicot, un micro-ondes, quelques stylos et des caricatures de profs accrochées au mur, histoire de détendre l'atmosphère. On n'a pas besoin de plus. Je bois quelques gorgées d'eau au robinet avant de me jeter dans la cour comme dans la fosse aux lions.

Quand je fais un bond de vingt ans en arrière, le contraste avec le siège de J.P. Morgan place Vendôme est total. Le contraste est d'ailleurs total avec la finance tout entière qui, petit déjeuner après petit déjeuner, déjeuner après déjeuner, rivalise de viennoiseries délicieuses, de vins onctueux, de dorures et de lieux magnifiques. Cette finance qui a tellement besoin d'en faire trop et qui tente par son luxe de convaincre le monde de sa supérieure utilité comme un avocat défend son client avec des grands effets de manche.

Aujourd'hui, à l'image de l'Éducation nationale, je me contente de moins. La mort est passée par là. Celle de mon père d'abord, puis celle de ma mère. Une mise en abîme de l'argent dans le temps, de l'avoir dans l'être, de la vie dans la tombe, qui a balayé l'importance que je lui donnais comme on fait place nette pour la lumière au rangement de printemps.

*

Dans le film *Wall Street*, quand il découvre qu'il s'est fait rouler, le jeune requin pose une question clé à son traitre mentor : « *How much is enough ?* », combien est assez pour toi ?

Peut-on s'abstraire et finalement se libérer de la soif d'accumulation et de l'angoisse de perdre ? Est-il encore possible dans notre monde marchandisé et financiarisé de trouver sa place sans mettre l'argent au-devant de ses priorités ?

J'essaie tant bien que mal de me libérer de ce joug de l'insatisfaction. Je sais bien au fond de moi qu'il est la racine du malheur. Alors je relativise, et mon métier qui me donne à voir tous les horizons économiques et sociaux m'y aide considérablement. J'ai la chance de ne manquer de rien, c'est déjà beaucoup.

Ce n'est donc pas tant d'insatisfaction qu'il est question, que de peur. Je cherche à mettre à distance ces plaies d'argent passées et hypothétiquement futures qui hantent mon existence avec l'opiniâtreté d'un fantôme écossais. Puisque, dit-on, la peur n'est pas bonne conseillère, à cette peur-là j'ai décidé de renoncer.

Est-ce une projection de ma part ? Il me semble que la peur est universellement attachée à l'argent. La peur d'en manquer, la peur de se le faire voler, la peur de perdre, la peur de gagner, la peur du futur ou celle de mourir. Apparent antidote à toutes ces peurs, l'accumulation d'argent s'hypertrophie jusqu'à nous déconnecter du réel comme l'épouvante tend vers la folie.

Justice

26 décembre 1999, quatre jours avant le passage à l'an 2000. Avec la menace du grand bug, c'est l'effervescence dans les salles de marchés. Sur la planète finance on ne parle plus que de ça. Tous les services informatiques du monde sont sur le pont pour le grand basculement du millénaire. En pleine bulle Internet, le système informatique peut-il crasher ? Va-t-il crasher ? C'est l'enjeu majeur de longues discussions au téléphone avec les clients fortunés dont je place l'argent et que je suis missionné pour rassurer. C'est aussi l'objet de débats nourris dans l'équipe. Ce qui nous inquiète, c'est que les marchés boursiers sont à des niveaux jamais atteints. Chacun sent bien qu'à ces hauteurs stratosphériques, l'air commence à manquer et que le moindre grain de sable pourrait tout faire basculer.

Nous en sommes là de nos spéculations quand arrive Jean-Marc, le directeur de la salle. Il m'a embauché en investissant sur moi tel un mentor, m'identifiant au jeune aux dents longues qu'il avait été. Il est toujours tiré à quatre épingles, avec ses Weston impeccablement cirées et son sourire carnassier. Dans un état d'excitation manifeste, il fait comme souvent une entrée théâtrale sur notre desk[1] : « Christiiiiine ! Christiiine ! » Christine est une vendeuse de la salle. Nous la cherchons des yeux mais elle n'est pas à son poste.

« Vous savez pas ce qu'elle vient de me faire ! Non mais vous ne savez pas ce qu'elle vient de me faire !!! Elle m'annonce, tranquille, qu'elle en attend un troisième !… Un troisième !!! » Il est dans tous ses états. Il va et vient au milieu des écrans avec son jeu de mains à l'italienne. Il est très beau dans sa chemise à rayures fines. « Déjà, trois ans après que j'l'ai embauchée, elle m'en met un dans le tiroir ! Et bingo, deux ans plus tard un p'tit deuxième pour la route. Et maintenant, le clou du spectacle ! Le troisième !!! Alors là, j'vous jure, j'l'ai fait chialer ! »

Tous les trois nous sommes sans voix. Personne n'ose rien dire. Anne, femme de caractère, mère de deux enfants et responsable de notre cellule de trading, a du mal à avaler la pilule. Elle lui rappelle

1. Bureau en plateau ouvert, composé de quatre écrans, trois claviers et trois téléphones.

avec un rire un peu forcé que son énervement est assez savoureux, lui qui a quatre gosses. « Ouais mais moi, maman, elle est à la maison ! » Tous les trois à nouveau nous mangeons notre chapeau. À quoi bon avoir un clash avec son boss. De toutes les manières, on ne le changera pas.

Alors, fier de son bon mot, il tourne les talons et retourne à son bureau, le seul qui soit fermé dans la salle. Et tous les trois, nous replongeons tête baissée dans le brouhaha et la frénésie boursière.

*

Sur les marchés personne ne se soucie véritablement de la qualité éthique des uns et des autres. L'amoralité est plutôt de mise. Pour réussir en bourse il vaut mieux mettre ses valeurs de côté. C'est clair pour tout le monde. L'idée est de faire du pognon, point. Sa morale, si l'on en a une, on se la garde pour soi.

Le cynisme est même un état d'être pour certains traders. Puisque de toute manière leur cause est entendue, autant être aussi imbuvables que possible. C'est dans les salles de marchés que j'ai entendu les blagues les plus racistes, les plus machistes et les plus condescendantes. Il y avait cette blague qui circulait et que, je dois l'avouer, j'ai moi-même colportée en riant sans vergogne. Je la rapporte ici, tête basse, pour son caractère hautement symbolique. Un trader roule à fond dans sa Ferrari sur les départementales de Normandie. Calculant mal un tournant, il sort de la route et emplafonne son bolide contre un arbre. Sain et sauf, il sort juste avant que la carcasse ne s'enflamme. Devant le brasier, il s'emporte : « Fais chier ! Deux mois de salaire foutus en l'air ! » À ce moment-là un paysan du coin arrive à fond avec sa 2CV fourgonnette et percute l'arbre à son tour. En sortant le paysan se lamente : « Si c'est pas malheureux ! Deux ans de salaire foutus en l'air ! » Et le trader de commenter : « Putain, ces paysans, qu'est-ce qu'ils peuvent claquer comme fric dans leur bagnole ! »

La notion de morale est totalement étrangère à la finance, du moins tant qu'elle ne tombe pas sous le coup de la loi. Éthique, honnêteté sont affaire de tribunaux et la question se règle souvent à coups de gros montants. Si la vertu doit faire son entrée, c'est sous la forme d'une assignation en justice. Pour le reste, comme aurait dit Boubacar, on s'en bat les steaks.

La finance de marché est construite sur une pyramide d'injustices et d'inégalités qui alimentent sa soif inextinguible : inégalité entre l'initié et l'investisseur lambda, injustice entre le Nord et le Sud, inégalité entre salariés et actionnaires, injustice entre possédants et possédés. Aujourd'hui l'essentiel des revenus des méga-riches n'est plus lié à leur travail mais à leur capital. Grâce à la baguette magique des marchés-casino, leur fortune se démultiplie comme des petits pains.

Dans une salle de marchés, les salaires s'étalent sur une échelle de 1 à 500. Les stars du *front office* se pavanent en Berluti tandis que les petites mains du *back-office* les envient. Seul le résultat compte. Comme une allégorie du monde moderne, sans plus la moindre borne morale.

*

À l'exact inverse, l'enseignement est école de justice. Tous les élèves vous le diront, s'il y a une chose qu'ils ne supportent pas, une chose qu'ils ne pardonnent pas, c'est l'injustice. Et Dieu sait si les motifs de plaintes sont nombreux. Je passe mon temps à les arbitrer. Dans la classe le maître est le garant de l'équité. On attend de lui, tel un Saint Louis de récréation, qu'il dise sous son marronnier la justice. C'est lui qui départage les perdants tout en ménageant leurs susceptibilités. Une décision hâtive peut coûter cher, mais c'est un rôle galvanisant. Car l'enseignant fait *in fine* régner sa propre représentation de la justice. Enfin un monde juste à ses yeux ! Ce n'est pas toujours Byzance, car cela dépend en grande partie de son humeur et de son sens du juste et de l'injuste.

La plupart du temps, ma stratégie consiste à renvoyer les plaignants dos à dos en leur rappelant qu'il faut être deux pour se battre et en leur demandant ce qu'ils ont chacun à gagner avec ces chamailleries. Sont-ils contents de se retrouver dans cet état et leur camarade avec ? Sont-ils heureux de voir l'autre pleurer ? En général cela remet les pendules à l'heure, on se serre la main et l'affaire est vite oubliée. Mais ce n'est pas toujours aussi simple.

Mardi 11 février 2014. En classe je demande à Fatoumata : « Pourquoi tu ne veux pas la toucher ? Pourquoi à part Sidonie personne ne veut la toucher ? »

Hier soir, Sophie, la chorégraphe, m'a appelé pour me faire part d'un truc qui la tourmentait. Lors du dernier atelier pour préparer l'opéra que nous montons avec les élèves, elle s'est aperçue que tout le monde évitait consciencieusement de toucher Emma pendant les danses. Fatoumata en particulier l'esquive comme la peste. Elle hésitait à m'en parler mais il y a quelque chose qui lui semblait malsain. Emma en souffrait, ça se voyait.

Je la remercie de m'en avertir car je n'avais pas remarqué. Je lui promets de mettre les choses au clair avec les élèves dès le lendemain matin.

Je m'en veux un peu de n'avoir rien vu. Je porte trop d'attention à la communication orale. Passent souvent par le corps plus de messages que par la voix. Il faut savoir observer, d'autant qu'Emma est plutôt réservée. En difficulté à l'école, souhaitant manifestement rester dans le bain douillet de l'enfance, Emma souffre d'un embonpoint qui l'handicape physiquement et l'ostracise aux yeux de autres. Elle ne dérange pourtant personne. Elle ne ferait pas de mal à une mouche. Maladroite et peu expansive, elle souffre seule dans son coin, bayant aux corneilles en classe et tentant de se mêler aux jeux des autres dans la cour. Plusieurs fois j'ai tenté de forcer la main de ses camarades. Seules Sidonie, Ella et quelques autres ont compris et s'efforcent de jouer avec elle. Emma est de confession juive et je soupçonne que des relents de conflits politico-religieux contribuent à son éviction. Tout en l'encourageant à sortir de l'enfance, j'essaie de la protéger et de la ménager, d'autant que son oncle est mort récemment.

Mais là, l'affaire a pris une autre dimension. « Ils disent dans l'autre CM2 qu'Emma elle est périmée. C'est pour ça qu'on n'ose pas la toucher. »

La réponse de Fatoumata me laisse un instant sans voix. « Périmée ?! » Fatoumata sait-elle seulement ce que ce mot veut dire ? Tour d'horizon dans la classe : on convient rapidement que la péremption concerne les aliments, pas les êtres vivants, ou alors quand ils sont morts. « Est-ce que tu t'es mis une seconde à la place d'Emma ? Tu peux essayer d'imaginer ce que tu ressentirais si on te faisait la même chose ? » Ma voix se fait de plus en plus forte et Fatoumata n'en mène pas large. Je l'aime bien avec son fort caractère, mais là je suis excédé par ces malveillances qui pourrissent l'ambiance de la classe. Je cherche une solution. « Lève-toi, s'il te plait. » Elle s'exécute mécaniquement. Je me dirige vers Emma : « Peux-tu te lever aussi ? » J'explique alors qu'il y a une tradition dans les pays sud-américains qui consiste justement à se toucher et à se saluer en se prenant dans les bras. Je leur raconte que j'ai connu ça au Brésil et que c'est agréable parce qu'on ressent à la fois chaleur humaine et bienveillance. Cela s'appelle faire un hug. J'écris au tableau HUG = ACCOLADE. Emma a l'air toute surprise quand j'en fais la démonstration avec elle. Elle rougit en riant.

« À ton tour ! » Fatoumata regarde de droite et de gauche en se mordant les lèvres. « Allez, à toi, tu as peur de quoi ? » Contrainte par les regards impatients de ses camarades qui se délectent par avance, elle se dirige péniblement entre les chaises jusqu'à Emma. Elles se donnent l'accolade aussi brièvement que l'étreinte d'Emma le permet à Fatoumata. « Ça va tu es sûre ? Tu n'es pas malade ? Tu te sens bien ? On peut appeler le médecin si tu veux ! » Fatoumata regagne sa chaise gagnée par l'hilarité générale.

Tous les élèves passent un à un donner l'accolade à Emma. Ils se prêtent au jeu et à mes commentaires taquins. Sa tête se pose sur l'épaule de ses camarades, parfois elle ferme les yeux. Ce contact physique primordial, si rare pour elle, elle en fait vingt et une fois l'expérience en quelques minutes. Puis chacun revient à sa place.

Le cours reprend mais Emma n'est plus là. Ses yeux dans le vague semblent perchés sur un nid de tendresse.

*

Le fait d'armes ne sera pas miraculeux. Certes les élèves veilleront à se joindre à Emma dans les danses sous mon regard scrutateur, mais dans la cour elle restera souvent seule. Quelques années après, sa mère m'avouera qu'Emma en avait beaucoup souffert malgré mon attention. Mais tout au moins ce jour-là justice lui a été rendue.

L'argent généreux

L'argent n'est pas exclusivement marqué du sceau de la cupidité financière, loin de là. Il peut se révéler un signe de prodigalité. Il est même synonyme de cette générosité que nous cherchons à témoigner à ceux qui nous sont chers à travers des cadeaux qui s'érigent bientôt en preuve de notre affection.

Comment démontrer son amour à sa femme si ce n'est en lui offrant un bouquet, un bijou ou un voyage à l'autre bout du monde ? Comment signifier à nos enfants qu'ils comptent infiniment pour nous si ce n'est en les couvrant de cadeaux à Noël ? Peut-on mieux dire son attachement à ses parents qu'en leur offrant la voiture ou la maison de leurs rêves ?

L'argent peut être instrument de générosité. Il peut financer de bonnes œuvres, des projets bénéfiques pour la communauté, des artistes prometteurs. Il peut acquitter de grands projets d'éducation, aider à la diffusion de soins et de médicaments.

Il peut aussi se donner dans des largesses prodigues entraînant derrière lui une cohorte de courtisans obséquieux, moineaux tournoyant autour du festin pour en grappiller quelques miettes.

*

Durant mes années dans la finance, la générosité était pour moi d'une extraordinaire facilité. L'argent coulait à flots et je sortais ma carte à chaque déjeuner avec un ami désargenté pour lui offrir le repas.

Cette générosité me donnait implicitement le sentiment d'une supériorité. Mes amis avaient beau ironiser sur mon travail dans la finance, ils étaient *in fine* bien contents d'en tirer eux aussi les fruits. Je prêtais gratuitement de l'argent à tel ami dans le besoin, je finançais le projet de film d'un autre, j'offrais à un vieux pote au chômage de m'accompagner pour un voyage au Brésil tous frais payés.

J'étais heureux de faire du bien, heureux d'aider, satisfait que mon argent serve à quelque chose. Mais cette générosité ne se donnait pas au point d'entamer substantiellement mes avoirs bancaires.

Je donnais beaucoup, mais à la marge puisque je gagnais beaucoup. J'avais à ce titre été frappé par une étude qui soulignait que les moins favorisés donnaient aux associations humanitaires, en pourcentage de leurs revenus, beaucoup plus que les plus riches.

Il est vrai que ce n'est pas en étant un panier percé que l'on construit une fortune. J'en veux pour exemples deux cas opposés, deux manières antagonistes d'aborder l'argent, qui disent ensemble son rapport ambivalent avec la générosité.

Le premier, qui m'a beaucoup marqué, me fut rapporté par ma grand-mère. Évoquant un soir ses années fastes, elle m'avait raconté qu'alors qu'elle venait d'emménager dans sa nouvelle résidence secondaire en Bourgogne, elle avait été conviée par la grande propriétaire de la région à un déjeuner dans son château. Impressionnée par les tapisseries et la hauteur sous plafond, elle avait dû répondre à toute une série de questions tandis que la servante leur apportait les plats. Alors que cette dernière venait de repartir en cuisine, la châtelaine se pencha vers ma grand-mère et lui murmura, en forme de confidence, qu'elle était très embêtée car elle avait remarqué que sa bonne consommait dix pommes de terre à chaque repas. Dix pommes de terre ! Vous vous rendez compte ! Cela voulait dire qu'elle en rapportait à la maison, n'est-ce pas ? Elle attendait sans doute l'assentiment de ma grand-mère, qui s'étonna plutôt : « Pardonnez-moi, mais avec tout l'argent et toutes les propriétés que vous possédez, pourquoi vous souciez-vous de quelques patates ? » Un peu vexée, la châtelaine avait répondu du tac au tac : « Et comment croyez-vous que nous soyons devenus riches ?! »

Le second exemple est l'un de mes plus chers amis. Nous nous sommes connus au lycée et nous sommes toujours restés proches. J'ai été reçu chez lui à Dubaï pour filmer des images de *Tout s'accélère*. C'est la personne la plus généreuse que je connaisse. Qu'il vous invite au restaurant, qu'il vous apporte une sublime bouteille et un dessert époustouflant pour le dîner, qu'il vous propose tous ses anciens vêtements comme neufs, c'est quelqu'un qui est dans une sorte de don débordant permanent. Inutile de dire qu'il n'a pas un sou devant lui. Bien qu'il gagne très bien sa vie, qu'il n'ait que très peu d'impôts à payer à Dubaï, il n'est propriétaire de rien et n'a devant lui que quelques mois d'épargne.

Générosité et richesse ne semblent donc pas faire si bon ménage. La générosité par l'argent pose en outre un problème crucial : elle est toujours plus ou moins suspecte d'insincérité, tant du côté de ceux qui en bénéficient que du côté de ceux qui l'accordent. Les premiers par intérêt bien compris, les seconds pour combler leur solitude et pour asseoir leur pouvoir. Munificence, largesses et libéralités attirent faux semblants et faux amis. Pour l'avoir fréquenté durant mes années dans la finance, il y a autour du monde du luxe et de la grande richesse tout un aréopage de pique-assiettes, d'adulateurs subjugués par l'abondance, d'encenseurs complaisants qui flattent sans cesse l'égo des plus riches pour en tirer profit. C'est d'ailleurs en partie le rôle que tiennent les banquiers. Tel un nuage de sauterelles ensorcelées ils suivent le chant du blé. C'est aussi vrai dans le monde de l'art contemporain, devenu un jeu digne des meilleures diatribes du Misanthrope de Molière. Autour de Monaco où se presse la fine fleur de la fortune, toute une région vit des subsides des richissimes exilés fiscaux. Oligarques russes ostentatoires, financiers anglais plus discrets, champions sportifs du monde entier : bien qu'indignés par leur évasion, tous leur sourient dans l'espoir d'en tirer parti. À mesure que l'argent se concentre dans les mains des ultra-riches, de plus en plus de gens dépendent de leur « générosité ».

*

En devenant instituteur, j'ai réalisé la grande erreur que j'avais commise en matière de générosité. Une erreur que j'avais faite tant d'années avec mes parents, avec ma compagne d'alors, avec mes amis… Une erreur commune et pourtant redoutable dans ses conséquences pratiques. Je pensais que l'argent était la condition de ma générosité. Et c'est essentiellement à travers lui et tout ce qu'il pouvait payer que j'avais appris à l'exprimer.

Il y a une générosité qui veut se dire dans l'argent et qui se trompe de moyen.

Lorsqu'on est maître d'une classe de primaire, on ne peut récompenser les élèves ni en argent ni en biens matériels. La générosité s'exprime donc très différemment. Elle devient attention portée à l'autre, qui peut s'exprimer par des remontrances ou des encouragements, et en général par un temps accordé à l'enfant pour l'aider à apprendre, à vivre et à grandir. Bien sûr il y a des jours où les tensions dans la classe et mon énervement empêchent cette générosité de se déployer. Elle est pourtant toujours là, à travers le temps passé à discuter avec eux et à préparer sans cesse de nouveaux cours en fonction des questions qu'ils se posent. Elle est là dans le souci de trouver une solution face au mal-être de tel ou tel élève. Elle est encore là quand on prend le temps de le sermonner, quand on lui fait percevoir l'absurdité ou l'iniquité de son comportement.

J'ai ainsi compris que la véritable générosité, celle qui n'avait pas de prix, c'est le temps et l'attention portés à l'extérieur de soi, à l'autre et à la nature. Que sont les cadeaux matériels, bientôt enterrés au fond d'un placard et de nos souvenirs, au regard de quelques heures d'amitié, d'amour ou de tendresse ? Dans sa première lettre à Lucilius intitulée *Sur l'emploi du temps*, Sénèque avertit de cette banale méprise : « Telle est la folie humaine : le don le plus mince et le plus futile, dont la perte au moins se répare, on se croit obligé pour l'avoir obtenu ; et nul ne se juge redevable du temps qu'on lui donne, de ce seul trésor que la meilleure volonté ne peut rendre. »

*

Je recherche cette générosité avec mes enfants. Plutôt que de céder à leurs désirs matériels, je leur apprends la valeur inestimable des instants passés ensemble. Je n'ai pas toujours le temps, loin de là, mais j'essaie de faire en sorte que celui que je leur accorde soit plein et entier, nourri d'écoute et d'attention, d'amour enfin.

On croit qu'il faut faire des cadeaux, on se sent redevable, on matérialise son affection. Pourtant quand on donne son temps on n'a plus besoin de payer d'une autre monnaie. La générosité d'être enlace celle de l'avoir.

L'esprit de calcul

Lundi 11 mai 2009. Ce matin Lucas est venu avec son Rubik's Cube de compétition. Il doit nous prouver qu'il est capable de le faire en moins de deux minutes. Lucas, c'est le crack en maths de la classe. Comprenant qu'il survole totalement les cours, je lui donne des énigmes et des exercices à sa mesure en sus du travail de classe qui ne lui prend que quelques minutes. Nous partageons la passion des maths. J'ai gagné à jamais son estime grâce à un problème tout simple. Quand je l'ai donné à la classe en recherche facultative pour le lendemain, histoire de les intriguer j'ai raconté le contexte dans lequel on me l'avait posé.

Un soir de janvier 2000, tout le monde parti, Karim la star de la salle vient me voir à mon bureau. J'ai toujours eu une grande estime intellectuelle pour lui et j'ai même développé une affection à son égard pendant les quelques années où nous avons travaillé ensemble. C'est lui qui était venu nous voir le 11 septembre pour nous exhorter à agir. Issu des classes moyennes, comme moi il avait connu la peur de la banqueroute familiale dans sa jeunesse. Il était nimbé d'une aura de devin. En 1998, à la tête de la banque de gestion du Crédit agricole, il avait vendu au cœur de l'été, à sa seule initiative, toutes les actions et obligations asiatiques des fonds et portefeuilles qu'il gérait. Il s'agissait de plusieurs milliards. Le patron de la banque l'avait appelé en personne pour lui demander s'il avait perdu la tête. Karim lui avait expliqué le bien-fondé rationnel de sa démarche : les dettes et les marchés asiatiques allaient s'effondrer suite à la crise monétaire en cours. Il avait mis sa responsabilité et sa place en jeu. Quand, deux mois plus tard, la planète finance tout entière était emportée dans la tourmente de la crise asiatique, toute la banque venait le voir pour lui demander conseil. C'est à ce moment-là, en plein krach, qu'il avait choisi de créer le premier fonds d'investissement français sur les valeurs Internet. L'envolée du Nasdaq dans les mois qui suivirent acheva de le porter au rang de mage dans la banque.

Il a donc une énigme pour moi : « On a deux cordes de 1 mètre. Chacune d'elles brûle en une heure quand on l'allume à un bout. Mais attention, les deux cordes brûlent irrégulièrement et de façon différente. On a une boîte d'allumettes et une paire de ciseaux et on doit mesurer trois quarts d'heure. »

Il me laisse en riant et en me souhaitant bon courage.

C'est clairement un défi. Toute la soirée et toute la nuit je réfléchis. Je vois comment mesurer une demi-heure avec une corde mais pas trois-quarts d'heure avec deux. Je ne comprends pas quand interviennent les ciseaux ?… Ce sont eux le piège. Comme dans les problèmes où on laisse traîner des informations qui ne servent à rien, ils sont là pour vous égarer. Je le comprends dans mon bain au petit matin. À mon arrivée, je traverse la salle le torse bombé et vais directement voir Karim. Bravo. Il me serre la main et éclate de rire quand je lui raconte comment j'ai galéré avec les ciseaux. Karim m'avouera plus tard que cette résolution éclair avait contribué à l'invitation qu'il me fit de rejoindre son équipe après qu'il eut été débauché par J.P. Morgan. C'est donc grâce à cette énigme, dis-je aux enfants, que j'ai pu intégrer la plus grande banque américaine. Lucas ne dit plus mot.

Le lendemain, les yeux cavés, il dépose sur mon bureau un petit papier sur lequel il a dessiné la solution de l'énigme. En bas à gauche, les ciseaux sont barrés d'une grosse croix. Je lui adresse un clin d'œil qui en dit long.

Ce matin de printemps 2009, les élèves sont réunis autour de lui. Je viens de mélanger le plus possible son Rubik's Cube et le chronomètre est prêt à être déclenché. Sous les yeux sidérés de ses camarades et du maître qui n'a jamais réussi à le terminer, les doigts de Lucas font tourner l'objet magique en tous sens. On dirait un film défilant en accéléré. Un frémissement gagne rapidement l'assemblée. Miraculeusement, les couleurs se rassemblent et les faces se forment. À 1 minute et 48 secondes le chronomètre s'arrête et Lucas dépose sur la table le cube parfait sous les vivats de la classe tout entière.

*

Pour certains, les mathématiques sont un univers parallèle absolument fascinant. C'est, avec la philosophie, la matière que je préfère enseigner. Les chiffres ne mentent pas. Ils transposent la réalité, éliminant les doutes humains de leur structure d'analyse, fondant des vérités mathématiques sur lesquelles s'arc-boute tout notre développement technique.

C'est un langage profondément rassurant où il n'y a qu'une seule vérité : celle des nombres. Oracle mystérieux et toujours irrésolu, les mathématiques disent le monde, l'expliquent et le transforment.

Quand on pense aux mathématiciens, on imagine des scientifiques excentriques et dégarnis, façon Professeur Tournesol, cherchant dans des montagnes de papiers ou dans les méandres de leur ordinateur la formule magique qui décrira l'univers. Mais c'est une illusion, ils sont désormais minoritaires. Aujourd'hui en France et plus généralement dans le monde, les meilleurs élèves des grandes universités et des grandes écoles en maths partent dans la finance ou le Big Data. Ils sont les seuls à savoir programmer les ordinateurs à l'heure de l'intelligence artificielle. Ils vont vers ces métiers car ils peuvent leur apporter la fortune. Entre un salaire à Wall Street et au CNRS, peu hésitent. Alors, comme on le leur demande, ils créent des algorithmes pour le trading haute fréquence, ils conçoivent des produits de plus en plus dérivés, véritables objets algébriques fluctuant selon le prix du sous-jacent[1] et flottant dans l'espace quantique des marchés.

---

1. Le sous-jacent d'un produit dérivé est l'actif réel sur lequel est construit le produit, comme par exemple une action, du pétrole ou du blé.

Depuis toujours dans la finance les matheux sont à la fête. L'argent, c'est d'abord des chiffres : le solde de votre compte en banque, le bénéfice de l'entreprise où vous travaillez, le prix de votre baguette, le PIB de votre pays, la facture de vos obsèques. La comptabilité et l'habileté à compter ont fait le lit de la banque. Puis est arrivé l'informatique et l'Internet, produisant un basculement décisif dans l'ère du calcul instantané, de l'archivage infini et des transactions immédiates. Quand je travaillais sur les marchés, l'informatique jouait depuis des années un rôle primordial et les statisticiens s'en donnaient à cœur joie. L'Internet ne faisait encore qu'émerger. Les avancées des programmateurs de la Silicon Valley alimentaient celles des petits « génies » de la finance. Armés de ces calculateurs inépuisables, ils concevaient des « produits financiers » à la croisée des nombres et du marketing.

Chez J.P. Morgan, nous avions modélisé et programmé un outil de sélection de valeurs que nous avions pompeusement appelé l'« *Equity Selector* ». J'y travaillais avec un collègue, véritable tête en maths, qui mangeait les stylos Bic tout en réfléchissant, au rythme de deux ou trois par jour. Deviner l'évolution à venir d'une action, d'un secteur ou d'une économie grâce à des équations conçues au cœur de notre matière grise nous donnait le vertige.

Nous courions chaque jour derrière le devin caché dans les nombres. Nous travaillions sur nos formules jusque tard dans la soirée, allant de temps en temps fumer une cigarette sur le balcon qui surplombait la colonne Vendôme. Une sensation de pouvoir, de supériorité nous animait alors : grâce à notre science cabalistique, nous étions capables d'extraire du chaos du monde la prescience de son avenir. Tels des aigles au regard perçant, nous volions au-dessus de son indétermination. On parlait alpha, bêta, delta, symboles hellènes dévoyés pour désigner les caractéristiques de l'évolution du prix d'un titre ou d'un marché. On dormait peu. On y croyait.

Aujourd'hui, devenu instituteur, ces modèles me laissent songeur. Je comprends qu'ils puissent toujours enivrer leurs créateurs. Je comprends qu'ils soient l'objet de toutes les convoitises. Mais je ne crois plus en eux. Ils me paraissent si loin des réalités humaines, si loin de la nature. Comme si j'avais fait un pas en arrière et que je les voyais, moulinant les données de l'humanité sans plus la regarder, sans plus la sentir ni lui parler, la précipitant tout entière vers l'abîme au rythme des nombres et des machines.

*

Il faut aimer les maths pour comprendre l'impression de démiurge qui vous saisit lors de la création d'équations et de lignes de code. Le cerveau entre en ébullition à la recherche de la bonne formule. C'est une stimulation intellectuelle presque jouissive. Sans ressentir cela, on peut difficilement comprendre comment la finance en est arrivée à ce niveau de complexité. Quand vos capacités algébriques, assistées par informatique, vous donnent « raison » et vous font gagner des fortunes, il est difficile de garder les pieds sur terre.

Vous vivez dans et avec ces modèles mathématiques, vous vous épandez dans l'univers infini des chiffres, vous y trouvez une sorte de refuge qui malheureusement se referme lentement sur vous comme une cage numérique. Vous passez votre vie sur des écrans, entourés de nombres qui clignotent, tels les battements de cœur du Marché. Vous êtes coupé du monde, de la nature et des hommes au quotidien ; de cette nature si menaçante par les équilibres qu'elle entend défendre, de ces hommes si imprévisibles dans leur refus de l'injustice. Heureusement votre ordinateur vous emmène ailleurs. Plus l'extérieur devient incertain et menaçant, plus son monde de chiffres et d'équations vous recueille, dernier havre de certitudes dans le chaos des profusions.

Cette fracture du monde virtuel des chiffres d'avec le monde réel, la finance de marché la partage avec l'informatique. Ce sont les deux grands vainqueurs des mutations en cours. Les plus grandes fortunes récentes se sont faites dans ces secteurs. La finance avait d'ailleurs parfaitement subodoré le potentiel de profits que recelaient l'informatique et l'Internet, jusqu'à en concevoir une grosse bulle de plaisir. La finance adore quand les transactions vont plus vite, se fluidifient, quand les stocks sont gérés en flux tendus par des armées de robots et d'ordinateurs, quand une nouvelle logistique du monde permet d'optimiser toujours davantage le temps pour en faire de l'argent. Et peu importe si cela impose un rythme frénétique aux hommes et à la nature. Ils n'ont qu'à s'adapter.

Contaminés par cet esprit de calcul, nous déléguons peu à peu l'organisation de la société aux ordinateurs et à leurs programmateurs. Marx et sa superstructure aliénante crierait au flagrant délire s'il était encore là. Ne parlons pas d'Orwell.

L'économie de l'attention

L'arrivée de l'informatique et d'Internet n'a pas seulement révolutionné la finance. Elle a révolutionné la société tout entière. Tablettes et smartphones ont ajouté la portabilité à l'accessibilité, et dans le virtuel nous avons tous plongé.

L'utilité de ces outils n'est pas à démontrer, pour peu qu'on sache en faire un usage mesuré. À l'image des radios libres dans les années 1980, l'arrivée d'Internet a fait souffler sur le monde un grand vent de liberté, avant que la finance ne se charge de tout valoriser puis de tout racheter.

J'explique régulièrement à mes élèves la mine d'or qu'est Internet pour s'instruire dans pratiquement tous les domaines, que ce soit via des écrits, des photos, des peintures ou des vidéos. J'enseigne souvent sur un tableau numérique et profite de ses nombreuses fonctionnalités. Je leur apprends avec enthousiasme à se servir d'un traitement de texte et d'un tableur, c'est tellement pratique. Mais je ne cesse de les avertir des dangers de l'addiction aux écrans. J'en parle dès le premier rendez-vous avec leurs parents. C'est l'enjeu majeur de l'éducation aujourd'hui. Car à mesure qu'ils envahissent le présent, le temps pour lire et parler au sein des familles se réduit comme peau de chagrin. Chacun rivé sur son écran, la communication est coupée.

La principale conséquence de ce mutisme généralisé est une chute vertigineuse du langage, tant sur le plan de l'orthographe que du vocabulaire. Faisant découvrir chaque année les mêmes textes classiques aux enfants, j'en facilite toujours la lecture par une séance préalable de vocabulaire. Je passe en revue les mots difficiles du texte et leur demande ce qu'ils veulent dire. Je peux donc comparer année après année le niveau de leurs réponses.

Avec mes premières classes de CM2, avant 2012, date à partir de laquelle tablettes et smartphones se généralisent, entre cinq et dix mains se levaient pour tenter de donner une définition. Elle était parfois fausse, souvent approximative mais plus d'un quart des élèves parvenaient rapidement à trouver un synonyme aux mots les moins désuets. Depuis 2012, de classe en classe, de moins en moins de mains se lèvent. Cette dernière année, les trois quarts du temps une seule élève levait le doigt. Toujours la même.

Alors je les mets en garde. Savoir s'exprimer est une clé essentielle pour vivre en société. Le vocabulaire et le langage servent à dire les choses au plus près de leur réalité. Ils servent à dire nos sentiments, à exprimer nos idées. « Ce que l'on conçoit bien s'énonce clairement. » Le langage est ce qui structure notre pensée. Plus notre vocabulaire est pauvre, plus notre pensée est entravée. Sans le langage nous ne sommes rien. Je les convaincs que leur niveau de langage sera décisif dans leur vie ; que plus que leur couleur de peau, plus que le prix de leurs habits, c'est la manière dont ils parlent qui les révèle socialement aux yeux de leurs interlocuteurs. Afin d'illustrer l'enjeu, j'ai pour habitude de leur mimer deux entretiens d'embauche en leur demandant qui a le plus de chances d'être sélectionné.

Devant les élèves interloqués je déclame un plaidoyer maladroit en singeant le langage des cités, puis je prends mon accent le plus huppé possible pour une présentation conforme aux standards de l'entreprise. L'hilarité gagne la classe et la démonstration se passe de commentaire. Une année, j'avais aussi joué sur leur fibre amoureuse. Je leur avais demandé d'imaginer lequel de ces deux garçons avait le plus de chances de concrétiser en abordant une fille. Quand j'ai mimé le gars de la « téci », toutes les filles de la classe étaient pliées en deux. Les garçons n'en menaient pas large. J'ai eu l'impression ce jour-là de leur avoir enfin posé une question existentielle. Je leur ai rappelé qu'il n'y avait que deux moyens d'apprendre le langage : lire et parler. Et comme chaque semaine je les ai exhortés à aller choisir des livres à la bibliothèque, à écouter la radio et à parler avec leurs parents.

*

Le second péril que fait planer sur nos enfants l'addiction aux écrans, c'est l'incapacité à se concentrer. Plus les années passent, moins les élèves supportent les temps morts. Une agitation les gagne dès qu'ils ne sont plus occupés. Ils ne savent plus attendre. Ils ont perdu la capacité à ne rien faire, de même qu'ils perdent le goût de l'effort. Tout est si facile avec Internet et l'informatique. Plus besoin d'apprendre l'orthographe puisque l'ordinateur corrige. Plus besoin de mémoriser les connaissances, elles sont toutes stockées sur le web. Quand un problème est trop compliqué, il est plus simple de chercher sa solution sur Internet. C'est d'ailleurs pareil pour les adultes.

Chaque année, je fais un sondage à main levée dans la classe pour évaluer le nombre d'heures qu'ils passent devant les écrans. Immanquablement les meilleurs élèves voient leur utilisation interdite ou limitée. Les élèves les plus perturbateurs sont presque toujours des adeptes invétérés des jeux vidéo, le plus souvent des garçons.

Lundi 15 avril 2019. Discutant avec des parents accompagnateurs lors d'une sortie sportive, je leur raconte l'expérience récente que j'ai faite en jouant au best-seller des jeux vidéo, Grand Theft Auto, dont une grande cousine de ma fille avait apporté la dernière version pendant les vacances. Ce jeu se vend par centaines de millions d'exemplaires. C'est un mythe chez les jeunes. Mes élèves en parlent chaque année. Dans un univers en trois dimensions d'un réalisme confondant, on se trouve propulsé dans une grande ville américaine, dans la peau d'un truand dont le but est d'effectuer des missions successives pour la mafia et le crime. On peut à volonté changer de voiture en assommant le conducteur, entrer dans tel ou tel bâtiment, rouler dans des paysages de rêve en écoutant la radio, nager, naviguer, piloter un avion…

C'est un jeu irrésistible pour un gamin de cité, enfermé dans du béton sans horizon et dans l'anxiété de l'insécurité quotidienne. À la manière d'une drogue dure, c'est une évasion inégalable. Un encart sur la boîte indique « Interdit aux moins de 18 ans ». Mais à l'image de la pornographie en accès libre, ces jeux touchent aussi les plus jeunes.

Devant les parents, j'en relate mon expérience. Après avoir effectué les deux premières missions du jeu, je me trouve propulsé dans une cuisine glauque où un chef de bande viole dans la pénombre une femme malingre contre un évier. Quand il a fini, la femme au visage émacié se retourne pour demander la drogue qu'il lui a promise. Tandis qu'il l'envoie balader arrive son mari qui se plaint du manque de respect vis-à-vis de son épouse. Une altercation s'ensuit, le truand le tabasse puis l'achève au sol à coups de talon dans la tête. Une mare de sang s'étale lentement sur le plancher.

Le regard fixe et le visage atterré, les parents ne disent plus mot. Quand j'affirme que la plupart des garçons de la classe ont déjà joué à ce jeu, ils ne veulent pas me croire. Nous nous dirigeons donc vers le groupe des garçons qui se sont rassemblés pour le pique-nique. Quand je leur demande s'ils ont déjà joué à GTA, ils éclatent de rire. Sur dix enfants, huit mains se lèvent. Les épaules des parents s'affaissent.

*

Bien sûr j'avertis aussi les élèves sur ce sujet. Je leur parle de la passivité que nourrissent les écrans. De la perte de créativité. De ces images qui polluent leur imaginaire. De la manière dont le corps se charge d'une adrénaline dont il ne peut se débarrasser que par l'agressivité, contre les autres ou contre soi. Je leur parle de cet état d'hébétude et de léthargie intellectuelle qu'ils reconnaissent quand ils s'observent entre eux devant la télé ou en train de jouer à un jeu vidéo. Je leur dis que moi aussi j'adorais les jeux vidéo qui existaient également de mon temps, quoique plus sommaires. En leur racontant que j'ai failli redoubler ma seconde à cause de ça, je les fais réfléchir.

Je les préviens enfin du dragon qu'ils vont devoir affronter à partir du collège : les réseaux sociaux. Je leur explique qu'ils n'y échapperont pas car, adolescent, le besoin de faire partie du groupe est irrésistible. Je les avertis du caractère profondément addictif lié à la dopamine qu'on sécrète quand on reçoit des likes ou des flammes sur les réseaux. Cette même dopamine que l'on sécrète quand on boit de l'alcool ou que l'on prend de la cocaïne. Je mets en exergue le narcissisme dans lequel Instagram les plonge. Je leur rappelle que Narcisse s'est laissé mourir d'amour sur les bords de la rivière, à côté de son image. S'aimer soi-même, c'est un amour impossible ! Je tente de leur démontrer l'insatisfaction permanente que suscitent toutes ces comparaisons d'images sur les réseaux. Comment cela les pousse à se sous-estimer en surestimant les autres. Je leur raconte les dernières statistiques alarmantes en provenance des États-Unis : avec la généralisation du smartphone, les jeunes, qui ne se voient plus, font des dépressions et les taux de suicide montent en flèche. On évoque les hikikomoris, ces jeunes Japonais qui ne sortent plus de chez eux, qui ont désormais une peur bleue de l'extérieur et préfèrent rester seuls avec leur ordinateur.

Ils conviennent volontiers qu'on a besoin de contacts humains et qu'on ne se sent pas très bien après une trop longue exposition aux écrans. Ils voient bien qu'ils se coupent du monde, des autres, de la nature, de tout ce qui les rend heureux. À cet argument ils sont extrêmement sensibles. Ce sont encore des enfants qui ont besoin de bouger, de courir, de s'épandre à l'air libre. Ils admettent qu'il faille se limiter. Mais ils n'y arrivent pas toujours, surtout quand les parents sont eux-mêmes accros aux écrans. Alors je leur suggère de mettre un réveil à chaque fois qu'ils se connectent ou qu'ils jouent à un jeu pour ne pas se faire déborder. Je leur vante la lecture comme un passe-temps inégalable. Je leur explique que le truc, quand on allume la télé ou qu'on se connecte à Internet, c'est de savoir ce que l'on va y chercher. Sinon les pirates du temps les mèneront par le bout du nez.

Je m'emporte : ils sont face à des dealers ! Malheureusement cette drogue dure est en accès libre dès le plus jeune âge. C'est à eux de dire non. Personne d'autre ne pourra le faire à leur place, surtout quand ils grandiront.

Mais j'ai parfois l'impression que c'est peine perdue. Les forces à l'œuvre sont trop puissantes et par conformité, comme leur aînés, les enfants reviennent invariablement aux écrans.

Pourtant, je persévère. Répéter, répéter. Il en restera bien quelque chose.

*

Heureusement, nous méditons ensemble quelques minutes tous les matins. C'est le meilleur rempart que j'ai trouvé contre l'invasion des écrans et ses effets sur la concentration. Ensemble nous écoutons notre respiration, ensemble nous nous mettons au diapason. Les dos se redressent. Les petits ventres se gonflent et se dégonflent. Le calme se fait. Nous visitons parfois notre corps, d'autres fois nos sensations. Nous faisons la place pour apprendre.

*

Comment en est-on arrivés là ? Chamath Palihapitiya, un ancien cadre dirigeant de Facebook, explique que tout a basculé quand les petits génies de la Silicon Valley ont compris que notre attention, et plus encore celle de nos enfants, allait être le prochain or noir d'Internet et qu'il était possible de la capter grâce à des jeux déments et de subtils algorithmes. Affligé par leur emprise croissante sur la population, Palihapitiya estime que ces outils détruisent désormais le lien social.

« Si c'est gratuit, c'est toi le produit. » Nos données et notre attention valent de l'or en bourse. À la manière de l'audimat, il s'agit de les capturer et notre esprit avec. Celui de nos enfants n'étant pas encore formé, de même qu'ils sont plus sensibles aux drogues, ils plongent tête baissée dans ces nouveaux paradis artificiels.

Le motif est exclusivement financier. Les algorithmes sont construits pour nous hameçonner et ne plus nous lâcher. Brillants matheux et fins psychologues travaillent sans cesse à les améliorer. C'est la foire aux illusions, le règne de l'émotion. On « scrolle » comme on tire le levier des envoûtantes machines à sous des casinos de Las Vegas, sur lesquelles les cloches défilent en chuchotant leur entêtant « peut-être… »

Et pendant ce temps les cours boursiers des plus grands vampires de notre temps s'envolent à mesure qu'ils aspirent nos cerveaux. Et comme des trafiquants se dédouanant de leur culpabilité, ils crient pour leur défense : « Mais le public en redemande ! »

Que ce soit à travers les plateformes, les jeux vidéo ou les réseaux sociaux, cette marchandisation de l'esprit de nos enfants, de ce qui pour nous est le plus cher, est un des plus hauts symboles du règne sans partage de l'argent.

*

L'école élémentaire est le dernier sanctuaire quasi exempt d'écrans. Peut-être pas autant que le Waldorf Institute où les cadres de la Silicon Valley placent leurs enfants, sans wi-fi ni le moindre écran jusqu'à 13 ans – ce qui en dit long sur l'addiction qu'ils redoutent pour leurs enfants –, mais tout de même. À l'école on se méfie de l'informatisation. Comme si quelque chose résistait.

Quand en 2015 des tablettes ont été livrées dans les classes, une grande interrogation a parcouru le corps enseignant. Même si dans certains cas ces outils peuvent s'avérer utiles en matière pédagogique, la démarche posait question. Quatre ans après, à ma connaissance les enseignants ne les utilisent qu'en soutien ou très exceptionnellement en classe, ils ont déjà assez à faire avec des programmes scolaires surchargés. Et puis ils savent que rien ne remplace l'enseignement *intuitu personae*. L'expérience du confinement a d'ailleurs démontré les limites de l'enseignement à distance. Outre les inégalités dans l'accès au numérique et dans l'aptitude à l'autonomie, cette éducation virtuelle coupe le lien fondamental. Ce flux d'énergie vivante par lequel passent l'affection, les encouragements, les réprimandes et tous ces ressentis qui en disent plus long que tous les beaux écrans.

Mais c'est surtout dans son approche quantitative que l'ordinateur est rejeté par les professeurs. Quand il s'agit implicitement de faire des statistiques sur les élèves, les enseignants montent au créneau. Si l'on commence à parler de productivité en matière d'éducation, comme pour la santé, ils ont l'impression qu'on marche sur la tête. Ils sentent bien que l'immixtion de l'informatique dans l'école est celle de la rationalité scientifique et financière. Même s'ils leur donnent des notes, ils ne veulent pas voir leurs élèves transformés en chiffres. Ils perçoivent cette intrusion du numérique dans le monde des humanités comme une effraction. Comment la simplicité froide et binaire des chiffres pourrait-elle rendre compte de la complexité des liens humains qui se tissent dans une classe ? Ils devinent qu'avalés par cette approche quantitative, l'école tout entière sera projetée dans la double contrainte qui étouffe le monde privé comme l'hôpital : faire plus avec moins.

La valeur absolue

Le philosophe allemand de la fin du XIXe siècle Georg Simmel développe abondamment cette idée dans les deux livres qu'il lui a consacrés[1] : devenu Dieu, l'argent pose un problème majeur, car il est par nature indifférent. Il récompense dans le même élan l'entrepreneur-créateur génial, le chanteur adulé pour ses belles mélodies, le mercenaire de haut vol, le financier sans scrupule ou le chef d'un cartel de drogue. Il peut être généreux et charitable ou permettre d'asservir des populations entières.

Simmel défend que cette indifférence entraîne automatiquement un nivellement par le bas : les actions les plus hautes sont ramenées par l'argent au rang des plus basses, entraînant l'humanité dans une forme de désarroi moral. Sans odeur, les mêmes

1. *Psychologie de l'argent*, Allia, 2019, et *Philosophie de l'argent* (1900), Puf, 1987.

billets obtenus en échange d'un assassinat peuvent ensuite servir à sauver un village de la famine… L'histoire de Pablo Escobar est à ce titre exemplaire. Issu du petit peuple, entrepreneur infatigable et paranoïaque, il a bâti son empire sur une violence sans limites. Il s'est pourtant présenté et a gagné aux élections locales colombiennes car la population appréciait les multiples dons dont il arrosait sa terre natale, finançant des infrastructures utiles à la communauté. Dans le cas de Pablo Escobar comme dans d'autres, son action la plus haute *par* l'argent est clairement ramenée à la plus basse *pour* l'argent. Chacun s'examinant à l'aune de cette maxime trouvera matière à réfléchir sur l'indifférence morale de l'argent.

*

Sur les marchés, cette indifférence est manifeste. Combien d'entreprises ont vu leur action grimper après avoir annoncé un plan de licenciement ? Les exemples du cynisme antisocial des marchés ne manquent pas, mais le problème est plus profond. Les marchés et leurs opérateurs sont totalement indifférents à l'état du monde, des populations, de l'environnement, tant que ceux-ci n'impactent pas leur P&L[1] ! Tels des robots, ils ne réagissent que lorsque les chiffres commencent à se rebiffer. Ils vivent pour beaucoup dans une telle bulle socioéconomique, ils sont à tel point inféodés à leur quête métanumérique qu'ils ne peuvent plus ressentir le monde. Une trop longue fréquentation des chiffres et des grands hôtels finit par vous couper de votre humanité.

*

Non seulement l'argent indifférencie le bien du mal, mais en plus il rend l'humanité indifférente à son propre sort et à celui de la planète. Il monopolise à tel point les esprits dans son exigence court-termiste qu'il les rend indifférents au destin du monde, des animaux, des forêts qui disparaissent, à la manière de ces gens stressés qui passent devant la misère sans la voir, le nez dans leur smartphone, même si ce sont des gens très bien.

Ainsi nous devenons sourds au silence des oiseaux.

Comment expliquer, autrement, que devant les menaces patentes que recèle notre modèle nous poussions toujours plus avant notre course ?

1. *Profit and loss* : compte de profits et pertes.

Comment expliquer que la seule décision qui s'impose, réduire la voilure tout en redistribuant, soit considérée comme une hérésie ? Qu'est-ce qui nous empêche de calmer le jeu, si ce n'est l'angoisse que fait peser la montagne d'argent fictif sur notre existence collective ?

*

En mathématiques, la valeur absolue d'un nombre annule sa relativité. Une valeur absolue est toujours positive. -7 ou +7 ont la même valeur absolue : +7. À l'image de la valeur absolue mathématique, l'argent, valeur absolue de notre civilisation, récompense indifféremment le vice ou la vertu. À vrai dire, il s'en fout. Ce n'est pas son sujet, comme André Comte-Sponville l'a mis en évidence dans son livre *Le capitalisme est-il moral ?*[1] L'argent ne prend jamais de position morale, il n'a pas d'avis, il s'abstient de juger. Mais le problème, c'est qu'il influence le réel. L'indifférence de l'argent n'est pas si impartiale que ça dans le sort qu'elle réserve au monde.

Pour Georg Simmel, l'argent nivelle uniformément bien et mal. Mais c'est compter sans le lien

1. André Comte-Sponville, *Le capitalisme est-il moral ?*, Albin Michel, 2004, rééd. Le livre de Poche, 2006.

établi entre pouvoir et argent. Puisque l'argent c'est le pouvoir, il est fort probable que certains seront prêts à tout pour l'obtenir. Le pouvoir, ce sont aussi les armes, et l'industrie de l'armement est l'une des plus prospères de la planète, à l'instar de celle de la finance ou de la drogue. Combien un mercenaire gagne-t-il de fois plus qu'un infirmier ? Combien de fois plus un habitant des cités va-t-il gagner en vendant de la cocaïne plutôt qu'en travaillant au Mac Do ? Combien de fois un homme politique qui rend des services à des multinationales va-t-il multiplier sa fortune en y pantouflant après avoir quitté la scène publique ? Qui peut croire en regardant froidement le monde que le mal ne paie pas plus que le bien ?

Dans un monde gouverné par l'argent, tout le monde privilégie ce qui en rapportera le plus rapidement le plus possible. C'est ainsi que les projets coûteux, non rentables, voire déficitaires sont raillés d'un trait de plume, peu importe le bien-être qu'ils pourraient apporter aux populations. C'est ainsi aussi que les meilleurs esprits scientifiques de nos nations s'enferment dans la finance. J'en suis un exemple à ma petite échelle. Ils pourraient être beaucoup plus utiles ailleurs, non ? L'argent n'est pas indifférent.

Il récompense plus largement le vice, le crime, la paranoïa, l'égo, le flashy, le fluorescent, le nivellement par le bas, le sexe tarifé et tous les petits arrangements avec sa conscience, plutôt que la compassion, l'entraide, l'amour, le respect de la parole donnée, l'empathie, la bienveillance, la juste conduite, l'honnêteté. Il existe une forme de déréliction morale quand l'argent peut compenser le crime, comme on le voit dans l'écart de traitement judiciaire entre riches et pauvres. Que ce soit au niveau des multinationales ou des grandes fortunes, le système américain qui a tendance à devenir la norme veut qu'on puisse racheter la pire faute à grand renfort de dollars. C'est donc très clair : devenir ultra-riche, c'est s'affranchir de la loi beaucoup plus facilement. L'argent n'est pas indifférent.

Nous avons tous vu dans les entreprises les petits filous du jeu politique qui savent se faire valoir et creuser leur trou sans rien apporter de décisif à l'entreprise, tandis que ceux qui font le lit de son succès dans le seul souhait du travail bien fait sont oubliés ou même remerciés à la première crise venue. L'argent ne récompense pas la droiture morale et dans ce sens n'y incite pas. Il incite au contraire l'ensemble de la société, inspiré par le comportement des plus riches, à une adaptation permanente de ses valeurs à sa loi, nous plongeant dans un vide éthique qui désagrège nos structures sociales.

L'argent n'est pas indifférent.

*

Notre monde pressé par l'argent est devenu celui de la commodité. Tout doit être bien huilé, facile à digérer, sans aspérités. Dans cet impératif comme dans un moulin à café nos valeurs sont broyées. Valeur absolument envahissante, l'argent dilue toutes les autres en son sein pour les vider de leur substance.

Puisqu'avec lui tout est possible, alors tout est bon pour l'obtenir, indépendamment de toute réflexion sur les conséquences de telle ou telle innovation, de telle ou telle pollution, de telle ou telle trahison.

L'argent n'est pas indifférent. C'est un concept performatif, une idée qui transforme le monde en monétisant l'inimaginable. Tout peut être inventé pour faire de l'argent, créer un besoin, fût-il dangereux dans ses conséquences écologiques ou sociales. En les libérant, l'argent a mis le feu dans le même temps à l'inventivité et à la cupidité humaines. Sous son aiguillon la science perd conscience. On vend aujourd'hui des clones de nos animaux de compagnie pour qu'une fois morts ils puissent revivre à nos côtés, jusqu'à notre propre mort, avant sans doute d'être nous-mêmes cryonisés. Nul doute qu'à un moment ou à un autre, en suivant cette logique, les riches, constatant l'animosité débordante du bas peuple, s'achèteront des drones pour surveiller leur maison et des robots pour se défendre. L'argent n'est pas indifférent.

*

L'argent est le langage d'un dieu muet.

Ce silence spirituel et moral est sans doute la racine métaphysique de sa démesure. Bouche bée comme on le serait devant un alchimiste en train d'opérer ses transmutations, nous regardons l'argent convertir le monde en or et en chiffres sans nous demander si c'est une bonne idée. Aux antipodes de la sagesse, nous obéissons à un principe d'accumulation sans fin qu'on ne retrouve nulle part dans la nature. Comment se fait-il que nous nous soyons à ce point découplés de nos origines ? Pourquoi vivons-nous dans le monde parallèle de l'avoir quand la terre ne fait qu'être ? Sommes-nous chosifiés au point de ne pas sentir le vide éthique que l'empire de l'argent étend sur l'humanité ?

Mais le vide aime être comblé. Alors l'argent tente de combler le vide qu'il crée par davantage d'obsession de lui-même. En même temps qu'ils désenchantent le monde, les chiffres remplissent le vide existentiel.

Légion d'honneur

Lundi 29 novembre 2010. Il fait froid et l'arrivée à l'école avant l'aube m'a toujours un peu déprimé. Ce matin je suis d'humeur maussade. Fatigue, lassitude, ma classe cette année est pénible. Une agressivité rampante règne parmi les élèves, que je ne parviens pas à désarmer. C'est aussi une des années les plus compliquées pour l'école, qui réunit en son sein des enfants très difficiles à la fois en CM1 et en CM2. Il ne se passe pour ainsi dire pas une récréation sans une altercation. Quand dans l'enceinte de la cour la précarité, l'amertume et la colère de trop d'élèves entrent en résonnance, cela devient ingérable. Nous sommes deux hommes parmi les dix enseignants et nous sommes souvent appelés à la rescousse par les maîtresses pour départager les belligérants tant certains d'entre eux sont difficiles à maîtriser de par leur âge, leur force ou leur corpulence. Insultes répondent aux coups et toute l'équipe pédagogique a beau répéter jour après jour les principes élémentaires de la politesse et du respect mutuel, la directrice colmater les brèches, les enseignants recevoir les parents, rien n'y fait.

Alors je me suis un peu distancié, et ce matin j'administre à la classe une leçon de conjugaison comme un médecin prescrivant pour la énième fois le même traitement, sans grande passion. Nous sommes remontés en classe après la récréation de dix heures et j'ai encore dû faire la police dans les escaliers. J'en ai assez. Je suis en train d'écrire au tableau le verbe « tenir » à l'imparfait, que les élèves doivent copier dans leur cahier, proprement et en silence si possible.

Quand le maître a le dos tourné, tous les élèves savent qu'alors tous les coups sont permis, pour peu qu'on soit discret et rapide. C'est là qu'on balance des bouts de gomme, que passent de main en main les petits papiers griffonnés, que se chuchotent en douce les aménités ou les invectives. Les enseignants apprennent vite à être à l'affut du moindre bruit afin de pouvoir prendre les malfaiteurs sur le fait. Un bruyant crissement de chaise qu'on déplace me fait sursauter. Je me retourne brutalement pour confondre le fauteur de trouble. Se retournant à son tour, la classe s'arrête avec moi de respirer. Depuis sa table en fond de classe, Amal se dirige précipitamment vers la fenêtre. Étant les plus grands, les CM2 sont au troisième et dernier étage de l'école. Je comprends très vite son intention et me précipite vers lui à travers le long couloir de tables qui rejoint les bibliothèques du fond de la classe. Il a déjà ouvert la fenêtre par laquelle on entend la rumeur habituelle du trafic dix mètres plus bas. Prenant appui sur une bibliothèque, il s'apprête à enjamber l'encadrement de la fenêtre. Je le saisis par la ceinture, puis par la taille et dans ma panique l'envoie directement au sol. Je le maintiens tandis qu'il se débat en émettant des petits gémissements qui me fendent le cœur.

*

Amal n'est pas un élève méchant, c'est même tout le contraire. Mais on ne sait pas exactement ce qui lui est arrivé, il est malheureux. Passé par un obscur internat où il avait été placé par ses parents quelques années plus tôt, il semble y avoir subi harcèlements et sévices qui l'ont profondément traumatisé. En surpoids et frappé régulièrement d'incontinence, il est l'objet de remarques, injures et quolibets dont sont particulièrement adeptes les enfants les plus déshérités. Il faut dire que certains jours l'odeur est difficilement supportable, même pour les professeurs. C'est pourquoi il est en fond de classe, pour le mieux-être de tous. Pourtant Amal est gentil, avec sa petite voix perchée dans les aigus. D'origine kabyle, il a le visage d'un ange, rond, clair et doux. Son poids et sa force le rendent toutefois dangereux quand il s'énerve, se défendant le plus souvent contre une injustice, une remarque désobligeante ou une insulte. Ses difficultés relationnelles ne sont pas sans effet sur ses apprentissages. Il a du mal à se concentrer en classe et son écriture tumultueuse et maladroite raconte sa difficulté à exister. Je prends bien évidemment toujours sa défense, et même si je le tance vertement quand il s'est excessivement emporté, je rappelle toujours à son interlocuteur que les mots peuvent faire plus mal que les poings.

Mais de là à imaginer ce qui vient de se passer… Le midi, je suis sous le choc. J'en parle évidemment à la directrice. Amal est reparti comme chaque jour manger chez lui avec ses parents qui nous ont toujours paru protecteurs. Elle aussi est abasourdie. Nous décidons d'attendre l'après-midi, moi pour parler avec lui et la directrice pour appeler ses parents. Lors de notre échange seul à seul pendant la récréation de l'après-midi, Amal est peu loquace. J'ai beau avoir pris à partie toute la classe au retour de la cantine en leur expliquant que c'était à ça que menait l'agressivité généralisée et en demandant aux élèves si c'était ça qu'ils voulaient, Amal fait presque comme si rien ne s'était passé. Je le pousse dans ses retranchements : ce qu'il a fait n'est pas anodin, c'est un acte grave, très grave même… pour lui ! « Tu te rends compte si je ne t'avais pas arrêté ? » Silence. La digue est en train de céder. Amal me dit qu'il est malheureux. Il ne pleure pas, il est plus avancé dans le désespoir. Il ne saurait pas dire pourquoi, mais il ne s'aime pas. Il n'est pas bon à l'école, les copains se foutent de lui, d'autres l'agressent, il en a marre, il est fatigué. Je suis bouleversé par sa maturité. Et d'une certaine manière je le comprends – quand je ne partage pas parfois sa désillusion quant à l'âme humaine. Alors je joue sur ce sur quoi j'ai toujours joué, parce que c'est peut-être dans ma nature d'être affectif : « Mais tu te rends compte de la peine que tu m'aurais faite ? Tu as pensé à ton professeur ? Qu'est-ce que je t'ai fait de mal ? J'ai toujours essayé de t'aider et de prendre ta défense ? Et l'histoire, tu aimes pourtant ça l'histoire ? » Je sais que j'ai fait mouche. Amal est touché mais il ne pleure toujours pas. Au contraire il se ragaillardit. C'est vrai que l'histoire, ça, il aime bien ! Et qu'il aime bien mes cours. Alors pour détendre l'atmosphère mais avec une pointe d'émotion dans la voix, je lui dis : « Et tu imagines tous les cours que tu aurais manqués ? » ; ça le fait sourire, c'est déjà ça. Nous rejoignons la cour et, comme si de rien n'était, Amal se met à se dandiner de son pas lourd en direction de ses camarades.

Dans les semaines qui suivent, Amal va vivre une rencontre historique décisive en la personne de Napoléon. Quand nous abordons l'empereur et son règne subreptice à l'incomparable densité, Amal est subjugué. Comme à mon habitude, mais peut-être, rien que pour lui, un peu plus que d'habitude, je le surjoue : « Le type, en moins de quinze ans, il ramène d'Égypte l'obélisque et le secret des hiéroglyphes, puis il conquiert la moitié de l'Europe, il administre des pays entiers, il fait rédiger le Code civil c'est-à-dire la loi pour vous et moi, il crée la Banque de France, le baccalauréat, les départements… c'est quand même pas un manchot ! »

Amal a la bouche grande ouverte. Il n'en revient pas. Bonaparte, c'est la quintessence du triomphe de la volonté sur la naissance, c'est un homme petit par la taille, qu'on aurait moqué dans une cour de récré, mais grand par son œuvre et par son nom, Napoléon, Ier de surcroit. Alors Amal, qui est plutôt pacifique, n'aime pas trop que j'évoque le nombre de morts qu'il a à son actif, si l'on peut dire. Autant il adore quand je leur raconte son génie tactique à Austerlitz et comment, en faisant croire à l'ennemi qu'il est affaibli, il le pousse à abandonner le plateau de Pratzen ; autant il bombe le torse comme s'il était un soldat de la grande armée quand je leur lis en tirant quelques oreilles son discours d'après bataille : « Soldats, je suis content de vous. [...] À votre retour en France il vous suffira de dire "J'étais à la bataille d'Austerlitz" pour que l'on réponde "Voilà un brave" ! » ; autant son regard s'assombrit quand j'évoque les exécutions en Espagne, Goya et son *Tres de Mayo* avec les yeux effarés du malheureux en chemise blanche implorant la pitié devant les fusils impériaux ; autant enfin il semble se résigner devant l'inexorable retraite de Russie décrite par Victor Hugo dans *L'expiation*, avec le froid et les cosaques et cette Bérézina qui va le suivre comme une ombre lugubre jusqu'à Waterloo. Satanée folie des grandeurs...

Amal se renseigne, va sur Internet, regarde des documentaires. Il a lu en deux semaines le gros livre que je lui ai donné. Il faut dire que quand on identifie un sujet qui intéresse un élève, c'est du pain bénit. Il ne reste plus qu'à trouver des ouvrages sur le même thème. Bref, Amal vit ça à fond. Et ça le distrait. Il a l'air moins malheureux, parfois presque joyeux en classe, même si dans la cour ça n'est pas toujours rose.

*

Pour notre sortie de fin d'année, Amal est de bonne humeur. Il fait beau et la journée s'annonce bien avec cinq parents accompagnateurs, ce qui n'est pas de trop pour gérer le groupe avec moi. D'autant que c'est un véritable périple dans Paris qui nous attend et dont je réserve la surprise aux élèves comme aux parents. Amal a l'air tout content avec son sac à dos. Je lui ai vendu à fond cette sortie historique qui doit nous mener de l'île de la Cité jusqu'aux Invalides, en passant par Notre-Dame, la cour carrée du Louvre, les Tuileries puis le pont Alexandre-III.

Dans la Sainte-Chapelle, Amal ouvre de grands yeux émerveillés de concert avec toute la classe. Il fixe les vitraux et le plafond, médusé, comme on regarde par une nuit claire l'immensité d'un ciel étoilé. Après une matinée de visite nous nous arrêtons pour pique-niquer sur la pelouse et les bancs du square du Vert-Galant. Juste avant, nous avons découvert la statue d'Henri IV auquel ce petit jardin doit son nom. C'est un voyage dans Paris et dans l'histoire, du Moyen Âge à l'Empire et au-delà. Devant chaque monument, je leur demande quelques minutes de silence et tente de leur transmettre avec des mots à leur portée l'héritage dont il témoigne.

Après le pique-nique, comme chaque année, je les mène à la pointe du square pour leur raconter une de mes histoires préférées, de celles qui marchent à tous les coups avec les enfants. Amal n'est pas le seul à tendre l'oreille : « C'est à cet endroit qu'a été brûlé Jacques de Molay, grand maître des chevaliers de l'ordre des Templiers, sous les yeux du roi Philippe le Bel qui l'avait condamné à mort avec le soutien du pape Clément V, et qui regardait son bûcher depuis le balcon de son palais qu'on voit là-bas – qui est maintenant le musée du Louvre. » Et simulant Jacques de Molay dans les flammes, d'une voix d'outre-tombe je leur cite la terrible sentence du Grand Maître : « Pape Clément ! Chevalier Guillaume de Nogaret ! Roi Philippe ! Avant un an je vous cite à paraître au tribunal de Dieu pour y recevoir votre juste châtiment ! Maudits ! Maudits ! Tous maudits jusqu'à la treizième génération ! » Quand ils apprennent que la malédiction a opéré et que les trois sont morts dans l'année, les élèves, d'abord sans voix, se mettent à discuter vivement entre eux…

Arrivés aux Invalides, nous visitons le tombeau de Napoléon dans l'imposante enceinte de la chapelle Saint-Louis, surplombée de son dôme lumineux et creusée en son cœur pour donner à admirer le tombeau de l'empereur. Accoudé à la balustrade, et contemplant l'immense sarcophage en contrebas, Amal semble méditer, les yeux perdus dans l'Histoire.

*

Deux jours avant les grandes vacances, Amal vient me voir à la sortie de la classe. Il me tend une grande médaille dans un étui en plastique solide. Je la prends : elle pèse quand même son poids ! Pourquoi me donne-t-il ça ?

C'est lui et son père qui veulent me remercier. Ils ont été ensemble visiter un musée et dans la boutique, à la fin, ils ont trouvé cette médaille, alors ils ont pensé à moi. Je le remercie chaleureusement sans encore trop comprendre le sens de ce geste car j'ai l'esprit ailleurs : il ne faut pas que je laisse trop longtemps les autres élèves seuls sur le palier avant de descendre.

De retour chez moi, je la sors de son étui et la regarde. À mesure que je l'examine l'émotion me gagne. Elle est superbe. Du côté face, une représentation en relief du *Triomphe de la République* entouré des premiers vers du refrain de la Marseille : « Aux armes citoyens… » Du côté pile,

Marianne brandit une branche d'olivier sur un beau fond bleu blanc rouge. Le symbole du pays est surmonté de cinq mots qui me prennent à la gorge : « Les piliers de la République ». Je comprends le message. Le lendemain, j'appelle son père pour le remercier du fond du cœur. Il me dit : « Mais non, c'est rien, c'est normal. »

Cette médaille est depuis ce jour sur mon bureau et elle y restera tant que j'écrirai dessus. C'est ma légion d'honneur. Ma valeur absolue. Mon talisman. Un étalon de mon bonheur et, si j'ose dire, de mon mérite.

À la lumière d'événements récents, cette légion d'honneur imaginaire, si elle pouvait avoir une quelconque valeur symbolique, je la lèverais à la mémoire de Samuel Paty.

Obésité morbide

Peut-on célébrer les vertus émancipatrices de l'argent sans pour autant céder à son empire chrématistique ? Peut-on discuter des limites à imposer au capitalisme sans l'excommunier ? Peut-on reconnaître ses vertus dynamisantes pour l'économie et les progrès scientifiques, sans se soumettre à son accélération suicidaire ?

Car il s'agit bien de cela : drogué à l'argent gratuit, aux profits records et à la surconsommation, le capitalisme financiarisé est en train de se suicider. Une sorte d'obésité morbide qui s'illustre tant dans les chambres d'enfants surchargées de jouets bon marché, dans l'orgie énergétique et l'invasion technologique qui frappent la planète, que dans les sommets boursiers et l'outrance délirante des hyper-riches. Un de mes anciens collègues, qui travaille maintenant à Monaco, m'a relaté le cas emblématique d'un milliardaire russe connu sur toute la Côte d'Azur pour son voilier géant, le « plus grand du monde », au design militaire et futuriste, conçu par Philippe Starck et construit moyennant une fortune difficilement concevable pour un bateau : 400 millions d'euros. Ce joujou de plus de 140 mètres est équipé de la plus haute technologie. Quand il l'a visité, son client était fier de lui montrer sa chambre avec vue panoramique sur la mer, son balcon et ses chaises longues amovibles ; fier de lui faire visiter son port intérieur pourvu de tous les hors-bords et jet-skis possibles et imaginables, sa piste d'hélicoptère, sa salle de cinéma ou encore sa salle de plongée dont le matériel pléthorique, de son propre aveu, n'avait jamais servi.

Des yachts de cet acabit sont le parangon de la compétition d'égos qui fait loi chez les milliardaires m'as-tu-vu. Plutôt que dans les écoles de marine, ils sélectionnent leur équipage féminin dans les rangs de l'agence de mannequins Élite. L'idée est d'afficher, une fois revenu au port de Monaco, lustrant le bateau, l'équipage le plus sexy possible, qui fera baver les badauds venus se prosterner devant l'opulence possédante. Dans la principauté où s'agglutine la fortune apatride, les exemples se multiplient jusqu'à la nausée ou l'éclat de rire, selon l'humeur. Un autre oligarque russe, lui aussi détenteur d'un yacht pantagruélique, possède deux Airbus pour ses déplacements personnels. De peur d'un accident, sa femme et lui ont chacun le leur. Ils se partagent les enfants à tour de rôle. Deux Airbus A340 pour chaque voyage. On n'est jamais trop prudent. Un émir saoudien venu commander un hélicoptère à la firme Eurocopter a exigé qu'on y intègre des W.-C. en or. L'ensemble de l'équilibre de l'appareil a dû être recalculé et l'engin redesigné, moyennant une fortune. Peu importait le prix pourvu que sa lubie soit exaucée. Une fois livré, le monstre n'a jamais décollé. Dans les garages des plus fortunés de la planète dorment des milliers de bolides oubliés.

Si l'on en revient à l'impératif catégorique kantien[1], on se dit qu'une énorme faille logique déchire le modèle capitaliste qui célèbre la richesse comme but existentiel. Universalisons un instant le comportement de ces milliardaires dont le moindre caprice se matérialise à travers l'argent. Pas besoin de faire un dessin pour démontrer le massacre environnemental que cela constituerait. Ils ont pourtant ce passe-droit. Avec l'argent, ils peuvent faire n'importe

1. « Agis en toute chose comme si la maxime de ton action devait être érigée par ta volonté en loi universelle de la nature. » Emmanuel Kant, *Fondement de la métaphysique des mœurs* (1785).

quoi. Et tous les déshérités de la planète sont cordialement invités à rêver de leur ressembler.

*

Une fois de plus, selon cette logique, les ultrariches ont bon dos. Paroxysme de nos déviances consuméristes et de la fièvre accumulatrice, ils cristallisent notre mauvaise conscience. Que chacun songe un instant à la quantité de choses qu'il ou elle possède ou a possédée, à ces jouets qui s'amassent dans les armoires, aux objets qui s'amoncellent dans les caves, à tous les engins électroniques dépassés qui dorment dans nos tiroirs, à toutes ces chaussures qui s'entassent au fond des placards, à ces garde-robes dont nous ne portons pas le quart, protégées de l'usure du temps à grands coups de naphtaline. À cela il faut bien sûr ajouter tout ce que nous avons jeté au cours de notre existence, les vêtements et les meubles, les voitures, les machines, les télés, les consoles, les ordinateurs qui ont ponctué nos vies et qui ont fini concassés, enfouis dans la terre ou envolés en fumée. Et que dire de nos déchets quotidiens, du plastique, du carton, du verre, et de tout le reste.

On a beau vouloir être indulgent au regard du confort et de la profusion de biens matériels qu'il nous apporte, les failles environnementales de notre modèle mondialisé demeurent béantes.

Même dans mon école où se côtoient toutes les classes sociales, les élèves ont tous une tablette ou un smartphone (souvent l'ancienne version de leurs parents), tous une ou plusieurs télés, la plupart une console. Ils comparent les modèles, les vainqueurs étant bien évidemment ceux équipés des derniers gadgets à la mode.

Comment faire pour acheter sans cesse, sinon en jetant sans cesse ?

S'il y a une chose dont le capitalisme mondialisé est responsable, c'est bien de tous ses gaspillages et de l'Everest de déchets qu'il produit sans arrêt. Et pour transporter tout ça sur la Terre qui tourne, tournent et retournent des milliers de bâtiments-colosses, cyclopes modernes chargés des fruits de notre gabegie et crachant leur âcre fumée dans le ciel de nos enfants.

Un peu à l'image d'un fumeur à qui on annoncerait qu'il lui reste deux mois à vivre, on imagine les regrets de l'humanité constatant que ses ressources sont quasiment épuisées et que la pollution endémique est venue à bout de la vie sur Terre.

Allocation des ressources

Quand on cherche une justification aux marchés boursiers et à leur spéculation permanente, une réponse revient invariablement dans la bouche des financiers : ils permettent d'optimiser l'allocation des ressources. Il s'agit là du cœur de l'acte de foi de l'économie financière.

C'est l'essence, la raison d'être et l'obsession de la finance moderne : trouver la meilleure allocation pour l'argent en fonction du risque toléré, afin d'assurer le plus haut rendement possible à court et moyen terme.

Cette allocation des ressources patrimoniales à la recherche du plus haut rendement engendre une allocation des ressources à l'échelle planétaire qui défie à la fois le cœur et l'entendement. Arrêtons-nous un instant pour l'analyser.

Dans l'esprit du capitalisme, l'argent est là pour travailler et pour être investi. C'est la vertu de l'épargne vénale : elle finance des projets innovants dans l'espoir d'en tirer profit. Elle pousse toute la société de l'avant et, *de facto*, contribue à créer des emplois en finançant l'essor des entreprises sur lesquelles elle parie. C'est sur cette base que les financiers défendent leur utilité sociale. Grâce aux marchés qui agrègent l'épargne internationale et à leur « liquidité », l'argent peut se placer là où il sera le plus profitable pour les investisseurs et donc, pensent-ils, pour l'économie dans son ensemble. Là où l'État avec ses lourdeurs, ses compromissions et sa corruption – dont la finance est immune – alloue arbitrairement, et donc mal, les ressources, le Marché saura faire au mieux pour le destin des hommes.

C'est une vision un peu angélique des choses : là où l'argent rapporte le plus, c'est là où il sera le plus utile… De deux projets, on choisira toujours le plus rentable. Ce raccourci entre le profit du capital et le bienfait économique et social est pour partie réel, mais il relève pour l'essentiel du mythe du ruissellement[1] tant le processus tend structurellement à aspirer le profit vers les plus riches plutôt que vers le travail. À travers la compétition globalisée, seuls

1. Arnaud Parienty, *Le mythe de la « théorie du ruissellement »*, La Découverte, 2018.

quelques élus multinationaux trustent l'essentiel de la richesse dans presque tous les domaines. Ils sont ceux sur lesquels la logique du profit à court terme parie et gagne. Ils sont les icônes des temps modernes : Zuckerberg, Gates, Besos, Rihanna… La question peut alors être posée : la concentration des richesses dans les mains des 1 % est-elle une bonne allocation des ressources ?

*

Avec la mondialisation et Internet, l'allocation des ressources est devenue planétaire. Partout les investisseurs cherchent à dénicher les pépites du futur, ou plus simplement la prochaine tendance en vogue. Grâce aux moyens de communication, cette allocation se fait désormais à la vitesse de la lumière. Tels des avions renifleurs, les financiers assistés de leurs algorithmes survolent la planète boursière en quête de nouveaux eldorados. Et avec l'accélération technologique les opportunités se multiplient. Ainsi l'argent s'enthousiasme tour à tour pour le commerce en ligne, les subprimes, les terres rares, la biotechnologie, les cryptomonnaies, le cannabis, la 5G, l'intelligence artificielle…

Tel un gigantesque nuage de mouches, il se disperse et se reforme, se déplace d'opportunités en potentialités, entraînant le monde dans sa ronde vertigineuse.

Grâce à l'Internet qui connecte l'humanité, une désintermédiation générale est à l'œuvre. Au nom du consommateur, qui bénéficie de meilleurs prix, on précarise peu à peu l'ensemble des travailleurs-producteurs, oubliant que les seconds conditionnent le pouvoir d'achat des premiers. Tous les modèles traditionnels sont mis à mal, déstructurés à un rythme effréné, ravalés au rang de marchandises, désagrégés par les innovations de jeunes informaticiens appuyés et promis à la fortune par la finance. Attiré comme un aimant par tous les développements technologiques, l'argent est en train de faire exploser la société façon puzzle.

Cette logique de profitabilité devenue obsessionnelle et un despotique esprit de calcul s'étant abattus sur le monde, les activités dont la rentabilité est moindre sont petit à petit abandonnées. Livré à lui-même, le capitalisme financier devient un tyran myope, concentré sur ses obsessions et délaissant les autres investissements, quand bien même leur utilité à long terme est évidente. Ainsi la fermeture de plusieurs dizaines de milliers de lits d'hôpitaux ces dernières décennies coûte aujourd'hui un prix exorbitant avec la crise du coronavirus. Le capitalisme financier préfère investir massivement dans la technologie, porteuse de gains de productivité, plutôt que dans l'humain ou dans des infrastructures publiques qui finissent d'ailleurs souvent mises au pas par le privé. Il pille à bas prix les ressources inestimables de la Terre. Il cherche à baisser sans cesse les prix pour que nous consommions davantage. Il invite chacun à y vouer l'essentiel de sa vie dans une intensité de travail croissante.

Est-ce une bonne allocation des ressources ?

*

L'argent est comme un enfant gâté. Il ne s'alloue pas à ce qui est le plus juste ni le plus raisonnable, mais à ce qui lui rapportera le plus grand bénéfice.

La pression due aux dettes des États étend l'emprise de cette optimisation maniaque des ressources jusque dans les plus fondamentaux de nos services publics. Des professions indispensables telles que les médecins, les infirmières, les enseignants, les gendarmes ou les pompiers sont payées des broutilles en comparaison avec les professions mercantiles, technologiques ou financières. Tout ça parce qu'elles n'ont pas un retour sur investissement assez rapide, parce qu'elles ne génèrent pas de cash pour complaire aux marchés. Sous la pression numérique, on en vient à oublier que sauver la vie de quelqu'un ou l'éduquer, ce n'est pas « rentable », c'est un devoir collectif.

Sacrifiant le long terme au profit du court terme, la libéralisation du monde économique livre une fausse promesse de paradis pour les élus et la garantie d'une croissante aliénation temporelle pour les masses.

*

Et si l'on transposait cette logique à l'école ? Que se passerait-il si j'appliquais le même type de raisonnement à la gestion de ma classe ?

Il y aurait les élèves les plus brillants d'abord. Sur eux je concentrerais l'essentiel de mes efforts pédagogiques car ils sont les plus susceptibles de fournir un bon retour sur investissement. Ils comprennent vite. Dans notre monde hyperconcurrentiel je tenterais de leur donner les armes pour parvenir aux avant-postes de la société. Les autres n'auraient qu'à suivre. S'ils n'y arrivent pas, je leur donnerais des exercices à faire sur tablette, ça les occuperait. Pendant qu'ils seraient sur les écrans, m'assurant une bonne conscience professionnelle, je pourrais mobiliser mes forces à faire des quelques joyaux de ma classe des exceptions.

Je chercherais aussi les challengers, ceux chez qui sommeillent des potentialités ignorées. Je les motiverais pour révéler leurs capacités et les mener au succès. Comme un investisseur dénichant la bonne start-up, c'est là que mon impact serait le plus rentable.

Quant au reste de la classe, je n'y attacherais guère d'importance. Ils sont beaucoup trop lents. Leur faire comprendre une notion est beaucoup trop long, ce serait une mauvaise allocation des ressources. Bien sûr je leur donnerais des activités comme des miettes aux oiseaux, mais je n'aurais absolument pas le temps de m'occuper d'eux. J'aurais mieux à faire. Sans compter que je serais surveillé, j'aurais des comptes à rendre. Il ne s'agirait pas de m'endormir sur mes lauriers.

*

C'est un peu ce type de monde que l'optimisation permanente de l'allocation des ressources financières construit. Et plus cette optimisation étend son joug, plus la finance s'enrichit et plus son pouvoir sur la marche du monde grandit. Bien sûr nous avons des institutions publiques et politiques qui nous ont permis de ne pas laisser dans la misère et l'indigence la part maudite de la population. Mais la tendance est à leur démantèlement.

Le monde de l'argent est en train de dire à de plus en plus de gens : nous n'avons plus besoin de vous, sans leur offrir la moindre vision de leur place et de leur rôle dans la société à venir.

En ne s'allouant qu'au plus profitable, l'argent n'optimise plus que lui-même.

Quand l'essentiel surgit

21 décembre 2017. Noël approche. En pleine classe, Inès fond en larmes. « C'est sa grand-mère, maître, elle est morte y a pas longtemps », me chuchote une amie alors que je me dirige vers elle. Je connais bien la situation. Et elle est plus compliquée que ça. La directrice, toujours en lien avec les familles, m'a tenu au courant. La grand-mère maternelle d'Inès est morte il y a un mois. Sa mère, déjà fragilisée par la pression au travail et assumant seule la charge du foyer, a complètement craqué. Elle est hospitalisée depuis deux semaines pour dépression. Inès vit seule avec son père à la maison. Au chômage, il est paraît-il à bout de nerfs à cause de leur situation financière de plus en plus précaire. Il met une pression terrible sur sa fille unique, comme si elle était la seule bouée de secours pour l'avenir de la famille.

Je pose ma main sur son épaule : « Ça va aller, Inès ? » Inès pleure de plus belle. Ce matin, je lui ai rendu une copie avec une appréciation moyenne, elle qui a toujours de bons résultats. Je me dis que ça a dû être le déclencheur.

Plusieurs copines se lèvent et viennent l'entourer. Elles lui disent des mots gentils : « C'est normal de pleurer, ça veut dire que tu l'aimais. » Chacun s'approche pour lui témoigner son soutien. Tout le monde l'aime bien, Inès, c'est une fille sympa. Un esprit de compassion et de solidarité se répand dans la classe, une union temporaire autour de la peine universelle. J'essaie de la consoler : « Tu sais, Inès, on est avec toi, on sait tous que c'est difficile. » Elle pleure toujours. Des larmes silencieuses qui crient le manque et la peur. Je pense à ma grand-mère. C'était déjà dur à encaisser à quarante ans, alors à dix… J'essuie discrètement le bord de mes yeux. En tant que maître je dois rester d'aplomb. Le gouvernail ne doit pas flancher.

« C'est ta copie de ce matin qui t'a mise dans cet état ? » Elle ne dit rien mais je sens que j'ai fait mouche. « Eh bien tu sais ce qu'on va faire si tout le monde est d'accord, eh ben on va l'annuler ta copie. Tu me la donnes et on l'oublie. Je n'en tiendrai pas compte, d'accord ? Tout le monde est d'accord ? » Dans un grand « Ouiiii ! » la classe fait unanimité.

Inès pleure et rigole en même temps. Elle recommence à prendre des grandes bouffées d'air. Je l'invite à faire comme nous le faisons tous les matins, à respirer par le ventre en se concentrant sur l'air qui entre et qui ressort de ses poumons. Au bout de quelques instants elle a retrouvé son calme, comme si dans ce moment de partage elle s'était délestée d'un poids trop lourd à porter.

Chacun retourne à sa place et nous nous remettons au travail. Cette copie annulée semble faire du bien à tout le monde. Comme si elle dégonflait une peur. Ainsi il y a des choses plus importantes que les notes, au point que celles-ci peuvent disparaître sans laisser de traces par la seule volonté du professeur. Ainsi elles ne nous restent pas attachées comme l'unique marqueur de notre valeur. Ainsi l'amour, la mort, l'affection valent plus que les notes. La matinée s'achève dans une sérénité méditative et un silence de cathédrale.

*

Quand, par un questionnement philosophique ou le truchement d'un décès familial, nous sommes amenés à parler de la mort avec les élèves, c'est toujours un des moments forts de l'année. Pour libérer la parole, je leur dis l'expérience que j'en ai eue avec ses souffrances et ses enseignements. Alors, comme si elles avaient été trop longtemps remisées, les questions métaphysiques sortent et se propagent dans l'espace libre de la classe.

La perplexité répond aux certitudes et le débat se construit pour aboutir à l'inévitable vérité socratique : « je sais que je ne sais pas ». Mais le seul fait d'en avoir parlé, d'avoir fait surgir de l'ombre cette ombre spectrale, avec toutes les peurs, toutes les interrogations qui lui sont attachées, fait du bien à tout le monde. Il n'y a pas à dire, la mort rapproche. Elle unit objectivement chacun à son prochain dans un destin commun. Je leur propose souvent une paraphrase de Gide en guise de stimulant intellectuel : « Ça ne doit pas être si difficile que ça de mourir, puisque tout le monde y arrive[1]. » Elle leur fait du bien. Elle leur permet de réintégrer cette vérité et cette banalité de la mort dans un monde qui semble de plus en plus la nier.

D'où vient ce tabou qui frappe désormais la mort ? Que s'est-il passé pour que cette vérité existentielle soit petit à petit occultée ? Pourquoi avons-nous mis la mort de côté ?

---

1. « Alors, je me dis que ça ne doit pas être si difficile de mourir puisque, en fin de compte, tous y parviennent. » André Gide, *Les nouvelles nourritures*, Gallimard, 1935.

*

Les processus psychologiques de refoulement amènent à nier précisément ce qui fait problème. Depuis les camps de concentration et l'orgie de feu et de fer de la Seconde Guerre mondiale, l'homme sait qu'il est capable de s'annihiler et la planète avec. Ce n'est pas sans conséquences sur sa représentation du monde. La menace nucléaire – qui est avec le réchauffement climatique la plus grande épée de Damoclès qui pèse sur l'humanité –, en même temps qu'un équilibre de la terreur, a généré une terrible fuite en avant.

Ne pas voir ! Surtout ne plus penser que nous pourrions tous nous anéantir. Puis par extension omettre que nous allons mourir, égarer Thanatos hors du champ du réel. Mais comment remiser cette angoisse ? Comment penser l'existence quand sa limite doit être niée ?

L'argent, la consommation et les écrans sont suffisamment entêtants pour faire tout oublier. Un de mes clients dans la banque m'avait avoué sans sourciller que s'il n'y avait pas l'argent dans sa vie, il ne saurait pas comment s'occuper, ni quel sens lui donner. Comme disait l'autre jour une enseignante en salle des maîtres, commentant ses achats du mercredi après-midi : « J'aime bien passer du temps dans les magasins pour choisir des fringues, ça me vide la tête ! »

La folie de consommation qui s'est emparée de l'Occident puis de l'humanité au XXe siècle n'est pas due qu'aux innovations technologiques. L'irruption des deux guerres a eu un impact sur les psychés. Quand on songe à l'emballement des Années folles qui a suivi la boucherie de 1914-1918 et à l'hyperconsommation qui s'est progressivement installée après 1945, on peut tout de même se demander si ce matérialisme chevronné n'est pas venu combler le vide d'une spiritualité terrassée par la barbarie, l'Holocauste et la bombe atomique.

Comme par magie cette menace semble avoir aujourd'hui disparu de nos écrans radars. Même si le risque d'apocalypse nucléaire est toujours bien réel, nous nous sommes habitués à la guerre interdite. Il faut dire qu'une multitude de peurs sont venues s'y substituer à mesure que l'humanité prenait conscience de son impact sur la biosphère. Elle sait désormais qu'à ce rythme son temps est compté.

C'est là un des paradoxes profondément clivants dans lesquels nous sommes engagés : plus nous consommons pour éclipser nos peurs et oublier que nous allons mourir, plus nous accumulons individuellement pour financer nos vieux jours ou faire face aux menaces qui pèsent sur l'avenir plus nous entretenons collectivement le processus dont nous sommes et serons victimes.

Alors que nous mourons beaucoup plus tard que par le passé, nous sommes terrorisés par le futur. Avons-nous sorti la mort de notre champ de vision ?

*

Il y a un lien intime entre l'argent et la mort. Un lien câlin comme une consolation. L'argent est synonyme de sécurité. C'est l'illusion de maîtriser le futur. Un coup dur ? Viré ? Un divorce ? Un accident ? La voiture qui rend l'âme ? Des enfants à porter ? Un proche à soutenir ? L'argent nous sauve.

L'argent est NOTRE sauveur. Celui que nous pouvons posséder. Et bientôt celui qui nous possède. Celui sans lequel la vie devient une croix à porter. Celui qui dans sa profusion croissante nous sauvera de nos péchés.

Les voies de l'argent sont impénétrables. Comme le rappelle Dumas, quelles que soient les mains dans lesquelles il se trouve, l'argent est la seule puissance qu'on ne discute jamais. Omnipotent, omniprésent et maintenant omniscient avec la technologie et le Big Data, l'argent est l'infini mis à la portée des humains.

Sur les ailes des anges sonnants et trébuchants, il transfigure notre destin de mortel en un rêve de toute-puissance. Il gonfle l'égo à l'hélium, le décorrélant de son environnement et de la perspective de sa disparition. Lors de plusieurs déjeuners dans la finance avec mes collègues ou mes plus proches clients, j'ai tenté d'aborder ce sujet qui m'a toujours paru d'une haute teneur existentielle. La gêne était systématique. Mon client s'agitait sur sa chaise, se resservait du vin et m'assénait des réponses sibyllines, manière de signifier son souhait de parler d'autre chose. Autre chose. Autre chose que la mort. Et pourtant seule la mort donne son plein sens à l'existence…

Le capitalisme est une gigantesque construction destinée à répondre à l'instinct de vie et à la volonté de puissance des humains. Il ne peut voir la mort. C'est comme si pour lui elle était dans l'angle mort. Jamais il n'admettra qu'il s'en nourrit, même si ses crises alimentent tel le phénix son perpétuel renouveau, même si les maladies de la modernité font le profit de l'industrie pharmaceutique, même si les guerres font celui de l'armement, même si les désastres ou les bombes entraînent de lucratives reconstructions. Schumpeter l'avait prédit : le capitalisme, c'est la destruction créatrice. Et si l'on renversait la proposition ? Et si le capitalisme était plutôt une création destructrice ?

Dans son déni de la mort l'argent dévore la vie.

*

Il y a dans l'accumulation qui est devenue la norme, une rétention, un repli sur soi, une forme de solitude, quelque chose qui fait gonfler la peur de la mort en même temps qu'elle la nie. La course individualiste dans laquelle est lancée l'humanité fait songer à une course au plus pressé, une course désespérée pour échapper à la mort. L'argent est au cœur de ce sprint incantatoire.

Quand au début des années 1970 les baby-boomers se sont aperçus qu'on vivait de plus en plus vieux, ils se sont mis à épargner pour financer un temps de retraite toujours plus long. C'est cette épargne qui a été le premier ferment de l'essor vertigineux de la finance moderne : les fameux fonds de pension. Et encore aujourd'hui, c'est sur cette épargne que sont construites la montagne des dettes et la cathédrale des produits dérivés qui domine le paysage financier avec sa crypto-flèche enflammée.

Et toute cette épargne crie au monde d'être plus rentable pour sponsoriser les vieux jours d'un bateau ivre parti pour une course lointaine. Au fond, si l'on y réfléchit bien, quelle autre justification trouver à la course contre le temps de notre société si ce n'est de toujours repousser plus loin la mort ?

Si besoin était, la crise du Covid 19 a confirmé que nous avions un gros problème avec la mort. Le décompte quotidien des décès, des testés positifs ou des réanimés raconte mieux qu'aucune allégorie notre angoisse de la maladie et du trépas. On n'a même plus laissé le choix aux anciens dans les Ehpad de voir ou non leurs proches. Coûte que coûte, même au prix d'un isolement prolongé, il fallait les protéger. Et peu importe s'ils n'avaient que quelques mois à vivre. Il ne fallait pas qu'ils viennent grossir les statistiques et ne relèguent la France dans le classement mondial délirant des pays ayant le plus de morts. La mort est devenue un échec. Il faut impérativement l'éviter, même au prix du sacrifice de notre jeunesse et de pans entiers de l'économie, avec des conséquences sociopolitiques difficilement imaginables.

*

Nous avons tous peur pour nos vieux jours et nos possibles dépendances. Ceux qui n'ont rien ou peu ont peur. Ceux qui ont déjà beaucoup ont peur de n'avoir pas assez. Et ceux qui ont tout espèrent, telle une nouvelle aristocratie séculière, échapper à l'usure du temps, voire s'émanciper définitivement de son emprise.

Alors, dans cette société qui la craint et la nie, la mort s'est cachée. Son fardeau, longtemps partagé par la communauté familiale et locale, est désormais à la seule charge des Ehpad et de l'hôpital. Comme le rappelle Philippe Ariès[1], la veillée des morts a été pendant des siècles l'objet d'un recueillement spirituel commun. Aujourd'hui, la mort ne fait plus partie du réel. Tels le lépreux, le honteux, le proscrit, elle ne peut plus paraître.

Avec la crise du coronavirus, cet ostracisme a atteint des sommets avec des Ehpad coupés du monde. Et quelle a été notre angoisse à l'idée que les hôpitaux ne puissent plus prendre en charge le risque de mourir ! Combien d'un seul coup nous avons été reconnaissants envers toutes ces professions que la finance nous avait poussés à sacrifier. Pendant un temps l'hypothétique mort à long terme est devenue affaire de court terme. Comme

1. Philippe Ariès, *Essais sur l'histoire de la mort en Occident : du Moyen Âge à nos jours*, Seuil, 1975.

un symbole, il a fallu d'ailleurs que les bourses plongent pour que les politiques commencent à réagir.

*

Avec cette disparition progressive, concrète, charnelle, la mort est devenue plus encore qu'avant la Grande Inconnue. Chacun sait qu'elle frappe partout, sans relâche, mais on ne la voit plus. Ajoutant à l'avancée des sciences et au recul des religions qui déjà laissaient l'homme bien seul face aux mystères de l'au-delà, son éradication apparente en a fait un spectre hantant les âmes mortelles. Alors que nous ne la croisons plus qu'exceptionnellement dans nos vies, la mort est omniprésente sur nos écrans, dans les films, les séries ou les journaux télévisés.

Comme un mauvais génie, ce spectre furtif grandit et alimente nos peurs. Avec pour seule solution à ses menaces foisonnantes : la course en avant. Et peu importe si cela entraîne d'autres menaces, on gèrera. On pare au plus pressé.

Le propre du bon gouvernement est de prévoir et donc de voir loin. À cette fin le règne de l'argent, accouplé à la technologie, nous donne pour seul guide un messie myope : le chiffre. Nous mesurons à grand renfort de statistiques les dangers qui prolifèrent. Nous essayons de les analyser, de les anticiper, de contenir ces risques que nous ne supportons plus et au nom desquels nous sommes prêts à sacrifier nos libertés. Ce totalitarisme anti-risque dans un monde qui détruit la planète et les équilibres sociaux ne peut que laisser perplexe. Hélas, à l'image du réchauffement climatique, ces chiffres nous indiquent les problèmes mais pas les causes profondes et encore moins les solutions pour les résoudre. Alors, au moyen de dettes par milliards nous préférons tenter de colmater un navire qui prend l'eau de toutes parts, plutôt que de revenir au port pour prendre le temps du recul et construire les plans d'un nouveau vaisseau plus stable, plus solidaire, plus solide.

*

C'est un des immenses succès de nos sociétés capitalistes : l'espérance de vie a augmenté dans des proportions historiquement faramineuses depuis le xxe siècle. Difficile de ne pas s'en réjouir. Toutefois cette hausse de l'espérance de vie a paradoxalement alimenté un phénomène dangereux : la peur du risque. On devrait être content d'avoir de bonnes chances de vivre plus de quatre-vingts ans… Mais puisque la vie peut s'éterniser, en même temps, on a d'autant plus à perdre. Et la mort planant sur l'humanité mondialisée à la mesure de ses excès, l'angoisse et la crainte de perdre un si cher trésor dominent les esprits. Une sorte de peur coupable qui nourrit notre besoin d'accumulation et de contrôle pour nous prémunir du danger.

Dans notre phobie du risque et de la mort, ironsnous jusqu'à l'esclavage final du conformisme absolu, fourmis affairées à nourrir la reine finance supposée protectrice, guidées par des algorithmes moulinant nos données pour nous dicter le meilleur comportement à adopter pour notre bien, individuel et collectif ? Laisserons-nous l'argent totem anti-peur recouvrir définitivement le monde de son ombre pseudo-assurantielle ?

Combien de temps encore croirons-nous en cette superstition fétichiste qui par ses excès étouffe les deux poumons de la vie : la nature et l'amour ?

Mère Nature

Jeudi 15 mars 2018. Depuis une semaine, nous sommes dans les hauteurs de Gap. Quand j'ai annoncé aux élèves que nous avions obtenu une classe nature dans les Alpes du Sud, avec ski de fond, tir sur cible, randonnée, luge et chiens de traîneau, j'ai eu du mal à contenir l'hystérie générale. Il faut dire qu'un bon tiers d'entre eux n'est jamais allé à la montagne… Les deux mois précédents ont été tout entiers consacrés à préparer ce séjour. Nous avons même étudié *L'appel de la forêt* de Jack London, histoire de nous familiariser avec la neige, le froid et les huskys.

Cette fin d'après-midi, j'ai installé ma caméra bien stable sur son pied dans une clairière au-dessus du centre où nous logeons et mangeons. Un vieux couple tient l'établissement avec une organisation sans faille et concocte des repas qui régalent l'assemblée avec des produits du cru. Avant le dîner, je veux interroger les élèves sur l'effet que leur a fait ce séjour, j'ai envie de recueillir leurs impressions. Nous revenons d'une sublime journée de randonnée en raquettes dans les Écrins, guidée par deux montagnards aussi loquaces que chevronnés, grâce auxquels les enfants ont pu, à l'aide d'une longue-vue, observer des chamois qu'Émilie a appelés « les funambules de la montagne ». Après sept jours de soleil, de repos, d'effort physique et de nourriture saine, garçons et filles resplendissent dans le soleil déclinant. Cela fait plusieurs jours que nous observons le bonheur manifeste des enfants avec les deux autres enseignants de l'école qui accompagnent leur classe. Les enfants, si souvent fatigués, agités et pâles à l'école, ici s'épanouissent, jouent, se parlent, se recentrent. Il y a bien sûr ceux qui connaissent la montagne par cœur : Balthazar, Cléo, Noham, Emmy, Lorenzo, Boris, Mathilde. Mais il y a aussi ceux qui sont rarement sortis d'Île-de-France : Micipsa, Kylian, Maïmouna, Marwa, Emma, Keithleen, Ibrahima. Ce centre est pour nous tous un petit paradis entouré de montagnes, avec de superbes balades juste à côté, une table de ping-pong et deux babyfoots où enseignants et élèves s'affrontent dans la ferveur générale.

*

Depuis le début je filme le séjour. Je n'ai pas l'intention d'en faire un documentaire mais, ayant le matériel à ma disposition, je me suis dit que j'allais en profiter pour leur concocter un beau souvenir : une vidéo retraçant leur séjour, qu'on projettera aux parents à notre retour.

Micipsa est tout fringant devant la caméra aux côtés de son grand copain Kenzo : « Ici c'est vraiment suuuuuper ! On respire de l'air pur, on fait du sport, on s'amuse avec les copains… » Kenzo surenchérit : « Ici c'est le top, on n'est plus tout le temps sur les écrans, on bouge, on fait du ski de fond, on s'éclate ! » Mathilde, brillante élève dont la maturité m'a toujours frappé, me glisse : « Ici on ne doit pas tout le temps travailler. Je me sens à la fois plus libre et plus calme, plus sereine. » Sa grande copine Émilie me touche à son tour en relatant son émotion ressentie deux jours plus tôt : « Moi, ce qui me marque le plus c'est que je n'avais jamais pris un chien dans mes bras. Et là… C'était le rêve ! »

Émilie est la petite sœur d'Olivier, un des élèves qui a joué trois ans plus tôt un rôle décisif dans notre opéra en écrivant plusieurs scènes, en s'investissant à fond, en peignant même un superbe tableau qui est devenu l'affiche de notre spectacle *Icare et le taureau blanc*. J'aime bien suivre au fil des ans les fratries. On a un peu l'impression de faire partie de la famille… Cette année, en classe, Émilie m'a mis dans les mains un petit livre intitulé « Millie et Olier ». C'est son frère qui l'a écrit pour elle et qui l'a publié à compte d'auteur via Internet. Il paraît qu'il s'est inscrit à des cours de théâtre. Il s'est trouvé une vocation : écrivain et acteur, peut-être un jour auteur et metteur en scène.

Émilie est un rêve d'enfant. Jolie, bienveillante, drôle, intelligente, elle enchante ses maîtres et ses maîtresses depuis son arrivée dans l'école. Elle vient de vivre avec les autres élèves une expérience unique. Une expérience qui a même bouleversé les enseignants : les chiens de traîneau.

Quand nous sommes arrivés au camp pour rencontrer les chiens, les enfants étaient en transe. Les animaux sont pour eux un monde à part. Un monde au sein duquel ils peuvent se réfugier comme dans un tendre écho de l'enfance. Chaque année les uns et les autres parlent de leur chat, de leur chien, font des exposés sur les chevaux, les loups, les dauphins. Cela revêt un côté thérapeutique pour certains. Il est frappant de constater chez les adultes aussi combien les animaux, au même titre que les enfants, ont un traitement à part. Autant ils peuvent être amers sur l'humanité voire carrément misanthropes, autant ils font preuve d'une totale mansuétude à l'égard de leur animal de compagnie. Et pourtant, loin de ces animaux domestiques, quelles souffrances nous faisons subir à leurs cousins dans les abattoirs ou dans les élevages en batterie de la planète au nom de la rentabilité financière ! Peut-être un jour fera-t-on le parallèle entre cet enfermement barbare et l'embrigadement inhumain dans lequel nous entraîne la logique techno-financière ?

*

Anouk, qui nous accueille dans son écrin au milieu des sapins, n'en revient pas quand elle apprend que nous avons lu et étudié *L'appel de la forêt* avant de venir : c'est à cause de ce livre qu'elle est devenue maître-chien ! Elle leur parle de leurs habitudes, elle leur explique ce qu'il faut faire ou ne pas faire. Les enfants sont tout ouïe. Elle leur présente le programme : ils vont d'abord faire connaissance, puis harnacher les bêtes avant de partir pour une grande balade trois par trois. Les chiens, encore attachés, pressés de pouvoir se défouler, hurlent en remuant la queue comme s'ils suppliaient les enfants. Dans la neige immaculée, lumineux sous le soleil glacé des Alpes, ces derniers posent des questions, s'intéressent, s'enthousiasment, s'impatientent. Jamais je n'ai vu un engouement aussi général dans la classe. Ils veulent tous prendre la parole au point que je dois intervenir pour la distribuer.

Sur le traîneau, l'expérience tourne à l'extase. Entourés de sommets crénelés qui découpent l'azur dense, encharpés de nuages comme pour se protéger du froid, éblouis par la neige éclatante sur laquelle file le traîneau, traversant plaine et forêt, longeant la rivière, les enfants inondent le silence de leurs cris, de leurs ébahissements et de leur bonheur. Avec les chiens, ils prennent leur rôle très au sérieux : ils doivent descendre du traîneau pour les aider en poussant dans les montées et tirer sur le frein dans les descentes afin d'éviter de leur faire mal. Ça resserre les liens… De retour au camp, ils ne veulent plus les quitter. Une mystérieuse proximité s'est établie entre eux. Les élèves ont lu l'amitié unique qui unit le chien Buck avec son maître Thornton dans le livre de Jack London. Le regard fier, la langue haletante, les huskys se laissent caresser, serrer, embrasser, comme s'ils recevaient là leur récompense pour bons et loyaux services. Marwa, qui de son propre aveu avait une peur bleue des chiens, ne veut pas rentrer. Elle en pleurerait presque. Avec sa grande copine Maïmouna, elle enfonce ses doigts dans la fourrure grise comme pour s'y accrocher. « J'veux pas partir, il est trop gentil, maître, il est trop beau ! »

*

Est-ce l'effet de ce contact avec une tendresse primitive ? Le soir même, vers onze heures, on frappe à ma porte : c'est Glennie qui me demande de venir dans leur chambrée car plusieurs filles sont en larmes. Quand j'arrive, c'est le psychodrame. Glennie, faisant état des tensions entre ses parents, a mis le feu aux poudres car deux d'entre elles sont dans le même cas : la vie parisienne est stressante et met les couples à rude épreuve. Alors les pleurs et les craintes de séparation ont fait boule de neige. Mais c'est Maïmouna, elle, la fille forte, qui ne s'en laisse pas compter, presque toujours de bonne humeur, qui semble la plus bouleversée. Elle est allongée, repliée dans son lit. Elle a peur que son père malade meure pendant son absence. Elle me confie son quotidien, ses angoisses de ne plus le revoir chaque fois qu'il part à l'hôpital. Et dire que je ne savais pas… Je prendrais bien Maïmouna dans mes bras mais ça ne se fait pas. En outre, je crois à une forme de distanciation entre le maître et l'élève, comme une marque de respect mutuel. Les quelques gestes que l'on s'accorde – une main sur l'épaule ou une petite tape dans le dos – prennent d'autant plus de valeur. Alors je tiens simplement la main de Maïmouna dans la mienne pendant qu'elle pleure. Je l'écoute. Je lui parle de mes parents, je lui explique que la mort fait partie de la vie et que nos aînés doivent tôt ou tard partir, et que quand ce n'est pas le cas, c'est encore pire pour eux car il n'est pas dans l'ordre des choses de perdre un enfant. C'est pour ça qu'il faut leur dire qu'on les aime. Nul ne connaît l'heure du grand départ. Son père va peut-être vivre encore des années… Peu à peu les larmes se tarissent et la chambrée s'apaise. Je les laisse en éteignant la lumière et en leur chuchotant « Bonne nuit ».

*

Ce soir, dans le crépuscule naissant, Maïmouna et Glennie irradient de joie de vivre devant la caméra. Pendant la minute de méditation que j'invite les élèves à faire avant l'interview, leurs visages d'ébène étaient en béatitude. À présent elles tentent de me raconter leur bien-être. Surtout Maïmouna qui a parfois du mal à exprimer sa pensée, faute de vocabulaire. Mais elle est intelligente et pleine de bonne volonté. En léger surpoids, elle constate qu'elle a maigri et qu'elle se sent mieux en faisant du sport et en mangeant des choses saines. Ça la change du Mc Do et du Kentucky Fried Chicken ! Et puis ici il n'y a pas tout le temps la télé allumée comme à la maison. Elle se sent plus calme, plus heureuse aussi : « On est trop bien avec les copines, c'est comme si on passait dix soirées pyjama d'affilée ! » Glennie regarde son amie et lui sourit. Puis avec sa voix douce : « Ici on se sent si tranquille… on est émerveillé par les montagnes avec leur neige éternelle ou la nuit avec le grand ciel étoilé. J'aime bien me poser dans ma chambre avec un livre, y a les petits nuages par la fenêtre et le ciel tout bleu. C'est trop beau ! Ici c'est comme si mon écran c'était un peu, genre, la fenêtre. Je regarde par la fenêtre les montagnes, les petits oiseaux… parce que dehors, il y a de la vie ! Un p'tit peu comme si je regardais un reportage sur la nature à la télé, mais sans les voix, juste les bruits… »

Les enfants une fois encore montrent le chemin. Des paroles éclatantes comme l'azur rougissant dans leur regard. La nature est le berceau de la vie, tout le monde en convient. Pourquoi aller chercher ailleurs le sens de la vie ? Qui voudrait détruire la nature, notre hôte et notre ressourcement ultime. J'écris ces mots à la campagne, dans ma maison d'enfance que ma mère m'a léguée, cachée dans un village perdu de l'Yonne, dans le nord de la

Bourgogne. C'est ici que je suis venu terminer mon livre, au milieu de mes amis les arbres, qui m'ont vu vieillir et que j'ai vus grandir, jusqu'à couvrir le ciel de leurs ramures rassasiées d'oiseaux.

Les yeux se perdent dans les branches, l'ouïe s'élargit dans le bruissement des feuilles frissonnant sous la caresse du vent, les perceptions s'ouvrent vers l'infini des chants volatiles. Je pense à ma mère. Je regarde cette maison perdue dans la nature et l'univers. Poussière, tu retourneras à la poussière.

Je reste là. Je n'ai besoin de rien si ce n'est de ce sentiment sacré. Je repense à cette phrase de Gide que je cite chaque année à mes élèves : « Il est plus difficile qu'on ne pense de ne pas croire en Dieu ; il faudrait n'avoir jamais véritablement regardé la nature. »

*

J'ai parfois l'impression que l'argent asservit notre monde au point que l'on ne voit plus rien autour de nous, mis à part cette mort qui nous hante et qui sporadiquement surgit sous la forme d'un attentat, d'un tsunami ou d'un virus. C'est particulièrement le cas dans une grande ville comme Paris où mes élèves, comme tout le monde, ne voient partout que le produit de la main de l'homme : murs, béton, immeubles, affiches, écrans, publicités… Mais jamais forêts, grands larges, sommets inspirants ni ciels constellés. Noham, le fort en maths de la classe, s'en étonne : « À Paris on n'entend jamais les animaux, on ne voit jamais les étoiles. Ici, bien sûr que si ! » Balthazar et Ulysse, les deux intellos de la classe, se projettent au-delà de ce seul bonheur présent : « C'est tellement grand la montagne que ça soulage… Avec le beau blanc, l'air pur, on se sent ému. Et c'est un petit peu triste de se dire que la nature elle est si belle et que l'homme il est petit à petit en train de détruire tout ça. »

C'est peut-être notre plus grande peine commune. Notre plus grande culpabilité. Nous dire que notre modèle anthropocentrique obnubilé par l'argent et la technique a ouvert une nouvelle ère, une ère glaciaire pour notre humanité : l'anthropocène. Une ère qui, si l'on suit la tendance actuelle, viendra inexorablement à bout de la branche sur laquelle nous sommes assis.

Pourtant quand on parcourt la France, on n'a pas l'impression que la nature soit en danger. Ici, à Gap, elle resplendit. Au carrefour des mers et à la pointe géographique de l'Europe, notre pays regorge de paysages chamarrés, de reliefs contrastés, de forêts, de plaines, de rivières… Sans doute sommes-nous encore un peu protégés puisqu'avec la désindustrialisation et les délocalisations, la pollution a été externalisée au sud et à l'orient. Mais les oiseaux baissent la voix, les abeilles meurent et les vers de terre se font de plus en plus rares. L'air ou le climat n'ont pas de frontières. Nous partageons les mêmes mers, et finalement la même mère.

Les chiffres recensés par les spécialistes sont éloquents : les espèces disparaissent à un rythme alarmant, les pollutions endémiques étouffent peu à peu l'air et les mers de notre belle planète bleue. Il faut se rendre à l'évidence : avec l'argent pour nouveau Sacré, l'humanité démantèle le règne animal et terrestre pour le ramener au rang de simple utilité.

« Calme, tranquillité, sérénité, soulagement… » ce sont les mots prononcés par les enfants, tandis que leurs visages exprimaient joie, force et santé. Hélas la concentration croissante de la population dans les grandes villes, où bat le cœur de l'économie mondiale, a entraîné un éloignement inexorable par rapport à la nature. Ainsi la majorité des hommes, des femmes et des enfants ne se reconnectent plus qu'exceptionnellement avec ce qui les apaise. Loin de sa mère nature, et sentant bien que dans son égotisme cupide elle l'a trahie, l'humanité s'agite en tous sens pour échapper à son impermanence.

À titre individuel pourtant, rares sont ceux qui ne sont pas emportés malgré eux par la splendeur d'un coucher de soleil comme par leur musique préférée. Rares sont ceux qui ne trouveraient pas repos dans le creux de ses bras. Dans la nature, que deviennent nos besoins ? Le simple chant d'un oiseau sur sa branche nous suffit. Le simple frémissement de l'herbe étincelante de rosée comble notre regard. Le ressac de la mer nous rassérène. L'air des montagnes nous grandit. Qui s'affaire au cœur de la nature ? Pour beaucoup de philosophes, parmi lesquels Aristote ou Schopenhauer, la contemplation est la plus haute des vertus humaines. L'archétype de l'action gratuite : savoir contempler sans autre besoin que de penser ou d'aimer. Regarder vivre le monde sans le juger pour peut-être découvrir quelques-uns de ses secrets.

Comme une femme à la beauté éternelle, la nature est le sujet rêvé pour cette contemplation, qui bientôt s'ouvre en méditation. Contempler le jour et la nuit, contempler la lune que couvrent et découvrent, enserrent, libèrent un chapelet de gros nuages traversant le ciel ; magie gratuite, sorcelleries désintéressées des astres ; contempler les feuilles rutilant de verts dans le soleil d'été, qui brunissent puis tombent pour accomplir l'humus du renouveau dans la nuit de l'hiver ; contempler le cycle infini de morts et de vies, éternel recommencement du monde qui console notre âme mortelle, la délivre de son angoisse et par rebond de son besoin d'accumulation.

Inestimable amour

La mort a une dimension initiatique. Comme voir son enfant qui vient de naître, voir le corps inerte d'un parent ou d'un proche est une expérience décisive, un moment charnière de l'existence.

À la manière de l'Apocalypse dans la Bible, la mort et le chemin qui y mène sont porteurs d'une forme de révélation. Pendant les six longues années de sa maladie, ma mère a gardé une joie de vivre fascinante. Une dignité enthousiaste dont tous faisaient l'éloge même si ça serrait parfois le cœur de la voir lutter rageusement contre son corps invalide. D'où tenait-elle sa force ?

La réponse s'est imposée en même temps que je la vivais : l'amour. L'amour de son compagnon, l'amour de son fils, l'amour de ses amis et de sa famille qui se relayaient semaine après semaine à ses côtés pour l'accompagner de leur affection et profiter encore de sa lumineuse présence.

Comme la nature et la mort, l'amour est religion en ce qu'il nous relie.

Aux origines de la vie, l'amour est le miroir de la mort, le seul qui soit à sa hauteur existentielle. Celui dont la traînée, par une subtile contagion, laissera une trace immortelle dans la chaîne du vivant. Celui qui, à l'heure du grand départ, se révèle l'unique consolateur.

C'est l'annonce de la maladie incurable de ma mère qui m'a fait sortir de l'autoroute financière. Comme si cette confrontation avec la perspective de sa mort déchirait le voile de l'absurdité de ma course, mettant au jour la seule valeur qui nous arrache à notre condition de mortels.

J'ai alors compris que l'amour demande du temps. Qui aime à la va-vite ?

Dans notre société matérialiste, utilitariste et pressée, l'amour coûte trop cher temporellement. Alors souvent il passe à la trappe. Lorsque je travaillais sur les marchés, ce temps était réduit à une portion incongrue. L'amour est le parent pauvre de la finance.

Comprenant que le temps qu'on pouvait lui accorder était clé, j'ai fait le choix du temps plutôt que de l'argent. Je sais que j'aurai infiniment moins que mes anciens collègues pour mes vieux jours. Mais je suis chaque après-midi avec mes enfants, je prends le temps de leur parler, de jouer, de les serrer contre moi. Je prends le temps au présent. Je prends aussi celui de faire ce que je veux ; de ne rien faire parfois. Le temps de regarder la nature et de l'aimer, de lire un livre et de l'aimer, de cuisiner puis de déguster. Le temps de méditer et de philosopher avec mes élèves. Le temps de les aimer aussi, comme un instituteur aime ses ouailles et croit dans les promesses qu'elles recèlent. Le temps de voir ma famille, mes amis chers, de leur parler.

Tout cela ne coûte rien et vaut pourtant de l'or.

Quand mettra-t-on en avant le temps inestimable de l'amour ? Ce temps que l'on peut consacrer à l'autre pour parler, écouter, échanger, se toucher, dans la sincérité des sentiments partagés. Ce temps qui fait voler en éclats les préjugés, comble le vide de l'ignorance et rapproche les différences.

La relation d'aide, d'entraide et de fraternité est au fond beaucoup plus épanouissante que l'égoïsme et le matérialisme auxquels nous pousse l'argent. Et si nous devons construire un monde meilleur, nul doute que le temps que nous pourrons consacrer à l'amour sera décisif.

C'est fou comme l'amour comble. C'est fou comme il calme l'agressivité ou les angoisses existentielles. Parfois certains élèves m'appellent papa, avant de s'excuser avec un sourire dans les yeux. Ça me touche. Quand je sens que nos débats les font grandir et qu'ils m'en sont reconnaissants, quand je m'attache à porter un élève en difficulté et qu'il finit par voler de ses propres ailes, me regardant avec un sourire ébahi comme Icare perché haut dans le ciel, quand en s'entraidant les élèves apprennent à s'aimer, alors j'ai ce sentiment, troublant de simplicité, d'être comblé.

Dans certaines entreprises on propose aux employés de s'engager dans des actions sociales bénévoles, souvent portées par une fondation du groupe. Malgré la charge de travail supplémentaire, ceux qui y participent disent y trouver un épanouissement qui leur manquait dans le seul contexte concurrentiel de l'entreprise. Ce don de soi à la communauté est aussi le ferment de la foi dans les grandes religions.

*

Le temps que nous donnons à l'amour aujourd'hui dessine demain.

Nulle part ailleurs autant que dans une classe n'éclate l'importance de l'amour. Je peux voir dans chacun de mes élèves la place qui lui est accordée à la maison. Je peux sentir si tel ou tel se sent aimé, dans ses regards, dans ses réactions, dans ses gestes.

Invariablement, les plus équilibrés et les plus bienveillants ont des parents aimants ou plus exactement qui prennent le temps d'aimer leurs enfants. Tous les parents aiment leurs enfants. Mais combien prennent le temps de leur dire, de vivre cet amour à leur côté ? Il est frappant de constater l'écart de comportement, entre la sérénité d'un enfant issu de milieux défavorisés mais dont la famille accorde une place centrale à l'amour et un enfant mieux né dont les parents sont happés par leurs carrières, et dont le manque viscéral d'affection pousse à la colère et à l'agitation. Face à l'absence, ces enfants trouvent refuge dans les consoles de jeux et les tablettes, les coupant un peu plus des relations humaines.

Cet irrévocable besoin d'amour se dévoile parfois de la manière la plus inattendue. Ce jeudi 10 décembre 2015, Steven, onze ans, arrive comme souvent avec un bon quart d'heure de retard. C'est le type même de l'élève perturbateur. Terreur de la cour de récré avec sa carrure de boxeur et ses intimidations quotidiennes, cauchemar des enseignants par ses pitreries et son inattention continue, sa réputation le précédait quand il est arrivé dans ma classe en début de CM2. Fils unique d'une mère d'origine sénégalaise accablée par la vie et d'un père qui s'est fait la malle, il vit dans une chambre d'hôtel du quartier chaud du secteur, entouré de « grands frères » à l'influence délétère. Les deux premières semaines de classe ont été essentiellement consacrées à le recadrer et à lui imposer une autorité à laquelle il cherchait systématiquement à échapper, comme s'il voulait par là prouver quelque chose à ses camarades. Régulièrement je le ramenais à l'ordre par la voix, par la parole, mais aussi parfois manu militari, pesant de tout mon poids pour le forcer à se rasseoir ou l'immobilisant quand il s'en prenait physiquement à un autre élève. Au bout de ces deux semaines où j'avais alterné argumentation vigoureuse et témoignages d'affection dès qu'il m'en donnait l'occasion, il a commencé à s'assagir, permettant enfin à la classe de se dérouler normalement. Mais incessamment ramené à l'agressivité par le contexte dans lequel il vit, je dois souvent lui rappeler et lui réimposer les règles de classe que nous avons édictées ensemble. C'est éprouvant, et je rentre parfois chez moi éreinté par cette confrontation quotidienne.

Ce matin, il arrive donc en retard et après s'être mollement excusé il se met à danser en se dirigeant vers sa place. L'arrêtant d'emblée, je lui dis que le choix lui est donné : soit il va s'asseoir normalement sans déranger le cours, soit il va passer sa matinée dans une autre classe. Il s'assied en grommelant « c'est bon, c'est bon », puis se met vaguement au travail. Ça commence bien… On ne sait jamais ce qui s'est passé la veille au soir dans la vie de tel ou tel élève, mais on en perçoit les effets. Ce matin on peut sentir qu'il y a eu du grabuge. Il se remet à déranger les autres, à leur prendre leur stylo quand j'ai le dos tourné, jusqu'à une altercation avec un camarade qu'il menace en pleine classe : « Tu vas voir tout à l'heure à la récré !… » Alors, en silence, je me dirige vers lui. Approchant mon visage à une vingtaine de centimètres du sien, d'une voix forte je lui demande : « J'ai une question pour toi, Steven, tu veux être aimé ou tu veux être détesté ? Tu veux être aimé ou tu veux que les autres aient peur de toi et t'évitent soigneusement ? Parce que c'est ce qui se passe là, je ne sais pas si tu es au courant. Alors je te répète la question, Steven : tu veux être aimé ou détesté ? » Face à l'évidence, il sourit bêtement en tournant la tête à droite et à gauche comme s'il cherchait dans le regard des autres une issue de secours. Il convient finalement de cette vérité simple : nous voulons tous être aimés. Alors je lui suggère de faire en sorte de l'être et de se comporter en conséquence vis-à-vis des autres ; d'essayer tout au moins d'être plus aimable et de voir ce que ça donne.

C'est fou combien un gamin qui n'a pas reçu d'amour a du mal à en donner… Au-delà de sa mère défaillante, j'ai appris par la suite que le père de Steven mettait l'affection de son fils à rude épreuve. Habitant la région parisienne, il lui promettait régulièrement de venir le voir pour passer le dimanche après-midi avec lui. Alors Steven se mettait sur son trente-et-un, avec son plus beau jogging et ses plus belles baskets. Mais trois fois sur quatre le père ne venait pas. Il avait oublié, il avait des ennuis et surtout toujours une bonne excuse pour éviter de se confronter avec un rôle de père qu'il n'était manifestement pas capable d'assumer. Comment un enfant peut-il donner de l'amour quand personne ne lui a appris ce que c'est ?

Et pourtant mes paroles ont fait mouche. Steven semble pensif. Le reste de la matinée nous pouvons travailler paisiblement. Puis vient l'heure de la pause déjeuner.

Il y a un domaine qui échappe pour beaucoup à la vigilance de l'enseignant : c'est la cour de récréation. Les histoires de groupes, de boucs émissaires, les combats de coqs ou la cruauté narcissique des enfants sont en grande partie hors de sa portée. Pendant la cantine, Steven a encore fait des siennes.

Quand nous remontons en classe, il est dans le bureau en train de s'expliquer avec la directrice qui depuis le CP le recadre et l'aide comme une seconde mère. Le cours reprend avant qu'il ne frappe un quart d'heure plus tard à la porte. Il entre en s'excusant une première fois. Puis, alors qu'il passe devant moi tête baissée, il répète : « Pardon pour le retard maître », avant de m'entourer de ses bras dans un cri qui, avec sa voix déjà grave, semble monter du fond des entrailles : « Un câlin ! » Il me serre fort contre lui, la tête rentrée dans mon épaule, et je ne sais pas comment réagir. Je lui tapote gentiment dans le dos en lui disant : « Mais oui Steven, on t'aime bien tu sais. » J'ai du mal à cacher mon étonnement et mon émotion. Derrière tout ce désordre affectif, la porte s'ouvre sur un profond manque d'amour, celui d'un père qui n'a jamais été là pour lui. Alors, même si je ne peux à l'évidence le remplacer, je m'attache les semaines qui suivent à lui prodiguer dans un équilibre toujours précaire ce mélange de bornes et d'affection qu'il semble rechercher.

Sans amour la vie se tarit comme une rivière sans source. Chez l'enfant, ce besoin atavique nous montre en quelque sorte le chemin. Quelle société voulons-nous construire ?

*

L'argent et l'amour entretiennent des rapports complexes et tumultueux. L'argent et la position sociale qu'il attribue entre en ligne de compte dans la relation amoureuse. Le romantisme était le privilège des milieux aisés. Combien de couples, de familles se sont déchirés par manque d'argent, le reproche ajoutant au manque quotidien et pesant ? En tant que condition de la liberté dans notre système, l'argent s'impose aux couples au même titre qu'au reste de la société.

Étymologiquement « gestion de la maison » en grec, l'économie a une place constitutive dans le foyer conjugal. L'argent et la propriété sont au cœur de cette institution sociale. Dans la plupart des sociétés la question économique est centrale dans le mariage, qu'on va même jusqu'à arranger dans cet unique but, foulant au pied les rêves d'amour des jeunes filles en fleur.

D'un point de vue plus moderne et prosaïque, il est plus facile d'affronter la violence économique de notre monde à deux que seul. Même si nous rêvons de vivre d'amour et d'eau fraîche, l'argent n'est donc pas totalement étranger à l'affaire. Bien que l'on imagine volontiers Adam et Ève heureux dans un Éden sans argent, on voit mal un couple pour lequel cette question serait complètement indifférente, surtout à partir du moment où se pose celle des enfants. D'une certaine manière, on pourrait dire qu'un minimum d'argent est une condition nécessaire au déploiement de l'amour. Dans la grande précarité, l'instinct de survie pousse hors des sentiers de la tendresse et de la bienveillance. De l'amertume des inégalités naît la haine plutôt que l'amour. C'était le monde dans lequel vivait Steven, un quartier de barres déshéritées, rongé par la drogue, les bandes et les petits trafics.

*

L'argent possède en outre une propriété plus ou moins vérifiée qui agit comme un aimant exaltant sur l'esprit des hommes : ce serait LE piège à filles. Symbole moderne du pouvoir absolu, l'argent désigne les vainqueurs d'un monde qu'il ordonne, ceux qui pense-t-on pourront assurer la pérennité économique du foyer, voire de la lignée. L'énergie libidinale étant un des premiers moteurs de l'action et l'espoir de descendance un des buts naturels de l'existence, il n'est pas étonnant que l'argent devienne dans ces conditions une préoccupation majeure pour les hommes qui adhèrent à ce mythe. Même si aujourd'hui, avec l'émancipation des femmes, ce processus est interchangeable, le piège reste le même.

*

Dans le même temps l'amour pur, celui qui foudroie les yeux, qui nous fait enlacer notre enfant, serrer contre nous notre ami et, pour ceux qui croient, l'amour qui les unit à Dieu, cet Amour-là échappe invariablement à l'emprise de l'argent. Cet amour-là fuit sa valorisation invasive, se refusant comme le couple de *1984*, de George Orwell, à plier sous son joug totalitaire. Cet amour-là nourrit le bénévolat, la coopération, l'écoute et la paix sociale. Comme si l'instinct de vie voulait reprendre le dessus et se libérer de l'emprise toxique de la compétition économique.

Car le *pharmakon* de l'amour est aussi un poison. Au regard des sacrifices temporels qu'il faut faire pour le gagner, par l'affairement qu'il requiert pour le faire fructifier, par l'obsession qu'il réveille comme un mauvais génie, l'argent peut accaparer l'essentiel de nos vies.

Combien j'ai perçu un manque d'amour parmi les grandes fortunes que j'ai conseillées, combien d'opulentes solitudes… On ne leur avait pas appris à conjuguer la réussite avec le verbe « aimer ». La place compensatoire qu'avait prise l'argent dans leur vie n'en laissait jamais assez au déploiement du simple amour. Je sentais à chacune de ces rencontres un désert affectif que j'étais paradoxalement invité à combler.

*

L'amour est le grand absent de notre monde de chiffres, d'écrans et d'ordinateurs. À mesure que l'humanité s'interconnecte, elle dissout l'affection charnelle dans l'évanescence virtuelle d'Internet. Nous passons plus de temps avec notre ordinateur qu'avec quiconque d'autre. Avec le coronavirus, cette distanciation risque de prendre un nouveau tour. En dématérialisant nos relations, nous transformons le cœur battant de l'amour en un flux électrique fugace et désincarné.

Ce monde, qui enrichit ceux-là mêmes qui nous rendent addicts à la sècheresse affective, nous promet un désert d'amour. Sans cesse affairés à suivre la pente exponentielle de l'argent, poussés toujours plus avant par des dettes croissantes, absorbés par une technologie sans cœur et sans âme dont le but algorithmique est de monopoliser notre attention et de nous pousser à consommer et à produire toujours plus vite, coupés de mère nature et de ce premier amour rousseauiste, nous semblons condamnés à l'adoration exclusive d'un dieu que nous n'avons même pas choisi.

Alors vient une question aussi naturelle qu'essentielle : quel temps voulons-nous laisser à l'amour ?

*

C'est une des choses qui m'ont le plus fasciné quand j'étais dans la finance. Ayant effectué mon service militaire en tant que coopérant en Martinique, je gardais de ces deux années passées en compagnie d'une grande et belle femme américaine un souvenir idyllique. Celui d'un temps à la fois plein et arrêté qui contrastait totalement avec l'affairement compulsif que je vivais sur les marchés. Dans les phases de surmenage, je rêvais d'îles lointaines et de la caresse sensuelle des luxuriants tropiques. Aussi je ne parvenais absolument pas à comprendre que mes clients, riches à millions – eux qui étaient arrivés à un niveau de fortune infiniment supérieur à celui que je visais –, ne trouvent rien de mieux à faire avec leur argent que de le faire grossir, jour après jour, heure après heure. J'avais envie de leur dire : « Vous rendez-vous seulement compte de ce à côté de quoi vous passez ? » Comment pouvaient-ils ainsi perdre leur temps, eux qui justement avaient le choix de son emploi ? N'avaient-ils plus d'autre ressort au fond d'eux-mêmes que l'appât du gain ? Comment pouvait-on en arriver là ?

Ce fut pour moi la grande leçon de cette période de ma vie, le grand vaccin. Et rien que pour ça je ne regrette pas mes années dans la finance : elles m'ont donné à voir, comme par un trou de serrure, le prix de l'argent.

Et pourtant, malgré cette conscience, je m'angoisse parfois. J'en parlais l'autre jour avec Fabrice, un ami resté dans la finance et qui n'a, lui, plus aucun souci à se faire financièrement. J'ai beau faire partie des mieux lotis des Français, je me dis que mon salaire d'instit ne me permettra pas de payer des études à mes enfants s'ils veulent partir à l'étranger. Nous nous demandons avec ma compagne si nous aurons assez pour ne pas peser financièrement sur eux durant notre fin de vie. Alors que je continuais de faire part à mon ami de mes angoisses narcissico-pécuniaires, énumérant tout ce pour quoi l'argent risquait de me faire défaut à l'avenir et me lamentant de l'héritage que je laisserai à mes enfants en comparaison avec lui ou avec mes anciens collègues, il m'arrêta : « Gilles, tu déconnes complètement, là. Tu écris un livre pour dénoncer l'obsession de l'argent et tu me dis ça ! Mais l'héritage que tu laisses à tes enfants, c'est ta présence. T'es là pour eux tous les jours, mon vieux, t'imagines pas la valeur que ça a ! Tu leur parles, tu te marres avec eux, tu profites. Et ça, ça vaut tout l'or du monde. C'est ça l'important, c'est ça le plus beau des héritages, c'est ça dont ils se souviendront, pas de tous tes millions… »

C'est fou comme ces mots amicaux m'ont fait du bien. Quand parfois l'obscure peur du manque me rattrape, j'en reviens à cette mise au point salvatrice qui me rouvre les yeux. Parce que l'argent est conjuration de notre peur de la mort, l'amour – son recto existentiel – est le seul susceptible de nous en libérer.

Et puis il y a mon métier d'enseignant qui me rappelle chaque semaine à la réalité sociale du monde. Je vois des familles se battre avec le quotidien avant de songer au futur. Cela me remet les idées en place, en me ramenant à l'humain, au présent, et à l'importance de le vivre plutôt que de craindre l'avenir. Cela me rappelle aussi combien la solidarité et la fraternité, combien l'amour en somme, seront décisifs quand les difficultés s'accumuleront.

Affronterons-nous l'effondrement que nous promet la démesure de l'argent en nous repliant les uns contre les autres dans une peur raciste et avaricieuse ? Ou ouvrirons-nous enfin nos cœurs pour penser un système qui récompense la valeur humaine autant que le mérite économique, qui ne laisse pas derrière lui un cortège toujours plus large et funèbre de déshérités, qui offre à chacun un rôle fût-il symbolique, qui laisse enfin sa place à l'amour et à tout le bien qu'il peut faire ?

Et le mieux dans tout ça, c'est que nous disposons d'un atout maître pour donner du temps à l'amour : les machines. Si justement nous réemployions les gains de productivité qu'elles nous apportent en cessant d'en faire toujours plus dans le temps pour au contraire en dégager pour les autres, alors nous pourrions libérer un espace gigantesque pour l'amour, tel que peut-être l'humanité n'en a jamais connu.

Quelle joie de se contenter de ce qu'on a pour pouvoir aimer !

*

Nos enfants hériteront du monde que nous leur laissons. Dans une culpabilité vaine et stérile, nous nous lamentons de celui que nous leur préparons. Nous voyons les dangers s'amonceler et nous nous affairons, nous pensons qu'il faudra beaucoup d'efforts et d'argent pour qu'ils puissent y faire face, alimentant par notre course le creusement du monde.

Alors que la seule chose que nous ayons à faire est en réalité d'une telle simplicité qu'elle donne à rêver : aimer. De cet amour qui ne consomme qu'une source d'énergie renouvelable, extensible à l'envi et qui dans un rire d'enfant ne demande qu'à se déployer : le cœur.

Table des matières

Cet ouvrage est imprimé sur un papier certifié PEFC
qui garantit la gestion durable
et responsable des ressources forestières

pca cmb
édition pré-presse
livres numériques

44400 Rezé

Achevé d'imprimer en France en janvier 2021
dans les ateliers de Normandie Roto Impression s.a.s.
61250 Lonrai
Dépôt légal : février 2021 – N° d'impression : 2005011